Das Parteibuch

einSatz für die SPD vor Ort

Luzia Moldenhauer

Herstellung und Verlag: Books on Demand GmbH, Norderstedt

Umschlagfotos: Luzia Moldenhauer: „Im Muschelmuseum auf Spiekeroog“, 2002

ISBN: 9783839111659

Bibliografische Information der Deutschen Nationalbibliothek:

Die Deutsche Nationalbibliothek verzeichnet diese Publikation in der Deutschen Nationalbibliografie; detaillierte bibliografische Daten sind im Internet über http://dnb.d-nb.de abrufbar.

Das Parteibuch

einSatz für die SPD vor Ort

Luzia Moldenhauer (Hg.)

Grußwort Sigmar Gabriel für

„Das Parteibuch – EinSatz für die SPD vor Ort“

der SPD in Bassum

Liebe Leserinnen und Leser,

ein Plädoyer gegen Politikverdrossenheit, eine Einladung zum Engagement - das soll dieses Buch sein. Wer darin liest, erfährt von engagierter Arbeit im Sinne der Menschen in Bassum und der Region.

Wir brauchen diese Arbeit – im Großen und im Kleinen. Wer nicht nur redet oder kritisiert, sondern in seinem Wohnort anpackt – zum Beispiel in Vereinen oder Initiativen – bewegt etwas und macht das Leben vieler Menschen besser. Die SPD ist mit dabei. In engagierten Ortsvereinen wie Bassum wird vorgelebt, wie die SPD die Menschen erreichen kann: Als Partei, die das Alltagsleben der Menschen kennt. Als Partei, die nicht beschreibt, wie die Menschen leben sollen – sondern fragt, wie die Menschen leben wollen und versucht, dieses bessere Leben zu erreichen. Das ist mühsame Arbeit – auch davon erzählt dieses Buch – aber: Diese Arbeit lohnt.

Um Vertrauen werben und neues Vertrauen gewinnen – das ist die Aufgabe der SPD im Jahr

2010. Wir packen diese Aufgabe entschlossen an: im Gespräch mit den Bürgerinnen und Bürgern. Mit neuen Möglichkeiten zum Mitreden und Mitentscheiden – auch für Noch-Nicht-Mitglieder. Mit offener Diskussion aller gesellschaftlichen Fragen. Und mit einer Politik, die das Gemeinwohl gegen die Privatisierungsideologen verteidigt und die Freiheit des Einzelnen mit Verantwortung füreinander verbindet.

In den zurückliegenden elf Jahren hat die SPD in der Regierung viel geleistet: Elterngeld und mehr Ganztagsschulen, niedrigerer Eingangssteuersatz, mehr erneuerbare Energien, Schritte zu einer weltoffeneren Gesellschaft, Verteidigung von Arbeitnehmerrechten und solidarischem Gesundheitssystem. Das Nein zum Irakkrieg bleibt ein historisches Verdienst. Aber nicht alles ist gut: Viele Menschen sorgen sich vor Altersarmut. Leiharbeit wird als Einfallstor für Lohndumping missbraucht. Die weltweite neoliberale Wirtschaftsideologie hat leider auch in Deutschland Vermögen und Bildungschancen ungleicher verteilt. Die SPD nimmt Kritik auf und sucht nach Lösungen. Das Leben der Menschen Stück für Stück verbessern – dieser Anspruch gilt für uns weiter.

Entschlossen stellen wir uns den Auswüchsen der neoliberalen Ideologie entgegen. Wir lassen es nicht zu, dass am Ende aus der Freiheit für alle die Freiheit für wenige wird, die sich alles privat leisten können: Bildung, soziale Sicherheit und Kultur. Wir verteidigen den Vorrang demokratischer Politik im Sinne der Menschen vor Einzelinteressen aus der Wirtschaft. Wirtschaft, soziale Sicherheit und Schutz der Umwelt gehören zusammen. Verbinden kann das nur die SPD.

Ich lade Sie ein: Machen Sie mit. Bringen Sie Ihre Ideen und Ihre Mitarbeit ein. Die SPD ist offen für alle, die mit ihren Vorschlägen und Erfahrungen mithelfen wollen, unser Land moderner und gerechter zu machen. Dieses Buch gibt dafür gute Beispiele.

Lassen wir keine Zeit verstreichen, machen wir uns gemeinsam an die Arbeit!

Sigmar Gabriel

Inhaltsverzeichnis

Einsatz für die SPD in Bassum
und:
Ein Satz für die SPD in Bassum

Luzia Moldenhauer

Die Politikverdrossenheit – oder Politikerverdrossenheit - die sich phasenweise zu einer fast schon pathologischen Feindseligkeit den Parteien und ihren Aktiven gegenüber entwickelt, gilt zwar im Grunde allen Parteien, sie hat aber in den letzten Jahren besonders hart die SPD getroffen. Die Mitgliederentwicklung ist trotz einer Eintrittswelle nach der verlorenen Bundestagswahl an einem Tiefpunkt angelangt, der umso mehr schmerzt, als dass die SPD auch zum ersten Mal weniger Mitglieder als die CDU aufzuweisen hat.[1]

---

1 http://www.bpb.de/themen/1YML48,0,0,Mitgliederentwicklung.html
Aktuelle Mitgliederzahlen der SPD: http://www.spd.de/de/partei/organisation/mitglieder/index.html

Die sinkenden Mitgliederzahlen stellen nicht nur einen Imageverlust dar, sondern bringen zudem erhebliche finanzielle Einbußen mit sich. Außerdem verliert die Partei immer mehr aktive Kräfte, die der Basisarbeit fehlen, womit sich auch das Kontaktpotenzial nach außen vermindert und wichtige Multiplikatoren innerhalb der Gesellschaft fehlen.

Was aber mindestens ebenso schwer wiegt wie diese Fakten ist für die SPD der emotionale Schmerz, der mit dem Verlust von Menschen die Partei als solche hart trifft.

Die Sozialdemokratie hat sich seit ihrer Gründung ihrem Selbstverständnis gemäß um die Belange der Menschen, besonders der sozial benachteiligten, gekümmert, sie hat Politik nicht zum Selbstzweck erhoben, sondern ihren Mitgliedern eine Heimat gegeben, ihren Sympathisanten eine verlässliche Partnerschaft und ihren

Wählerinnen und Wählern ein Gefühl des Sichkümmerns angeboten.
Und genau deshalb geht es bei den rückläufigen Mitgliederzahlen und bei dem extrem weg brechenden Wählerstimmenpotenzial nicht nur um den Verlust von politischer Einflussnahme, sondern, wie es oft betont wurde, um einen Vertrauensverlust. Und was ist schlimmer, als wenn sich ein Freund von uns abwendet, weil er uns nicht mehr vertraut?

Seit Jahren schon wird nach Gründen für das Abwenden von den Parteien gesucht. Es werden Studien in Auftrag gegeben, Umfragen gestartet, Essays geschrieben, Analysen verfasst. Viele Antworten wurden gefunden, bisher hat anscheinend keine zu einem Umdenken in den großen Parteien geführt, jedenfalls ist die Mitgliederzahl hier nicht nennenswert angestiegen.

Auch wir an der Basis haben natürlich nach den Gründen für die Austritte, die wir zu verkraften hatten, gefragt. In den Fällen, in denen wir eine Antwort auf die Frage erhielten, wurden konkrete Ereignisse genannt, wie beispielsweise die Affäre „Schröder und die ‚faulen Säcke'" oder das von der SPD mitgetragene Nichtraucherschutzgesetz oder die als ungerecht empfundenen Hartz-IV Regelungen. Also konkrete Anlässe, wie sie auch zu anderen Zeiten immer schon zu Austritten wegen Unzufriedenheit mit der sozialdemokratischen Politik geführt hatten.

Wenn wir derzeit also keine befriedigende Antwort auf die Frage nach Gründen für die Austritte erhielten – wir wollten doch wissen, was falsch läuft, um Ansatzpunkte zu finden, was wir besser machen könnten – kamen wir auf die Idee, es von der anderen Seite aus zu versuchen.
Wir nahmen also einen Perspektivwechsel vor, indem wir auf uns selbst schauten und heraus-

zufinden versuchten, aus welchen Gründen wir selbst vor vielen Jahren oder vor kurzem erst in die Partei eintraten und weshalb wir immer noch Parteimitglieder sind. Trotz der großen Austrittswelle(n).

Also nahmen wir uns die Zeit, über dieses Thema zu sprechen. Und wir entschlossen uns, unsere Gründe, die für den Verbleib in unserer Partei sprechen, aufzuschreiben, um auch anderen die große Spannbreite unserer Interessen mitzuteilen. Dies auch, um Frust und Lethargie entgegen zu wirken, Argumente für ein Weiterarbeiten in der Politik zu formulieren.

Nun sollten vielleicht an dieser Stelle einige Zeilen speziell über unsere Arbeit in Bassum eingefügt werden. Seit einigen Jahren bemühen wir uns besonders in der Fraktionsarbeit uns nicht im alltagspolitischen Kampf zu erschöpfen. Wir stellen uns beispielsweise gegenseitig je nach

Bedarf Bücher vor, die sich mit (gesellschafts-) politischen Themen befassen. Dabei werden diese Bücher in unserem „Roten Laden“, der für uns Treffpunkt und Dauer-Info-Stand in der Innenstadt ist, für alle Aktiven zur Verfügung gestellt.
Wir betreiben damit nach unserer Meinung Bildungsarbeit im besten Sinne, denn es geht uns nicht nur um inhaltliche Diskussionen, die intern bei uns bleiben, sondern wir haben damit ein Medium für die Vermittlung nach außen.
Weiterhin nutzen wir Techniken wie Rede- und Schlagfertigkeitstraining im politischen Alltag, um die eigenen Fähigkeiten auszubauen. Alle Fraktionsmitglieder sind aufgefordert, sich persönlich an den öffentlichen Diskussionen in den Ausschüssen und im Rat zu beteiligen und dies nicht allein einem Sprecher oder einer Sprecherin zu überlassen.
Im Jahr 2006 holten wir einen Coach über die Friedrich-Ebert-Stiftung nach Bassum, um uns

unter professioneller Anleitung mit unseren originären Aufgaben als KommunalpolitikerInnen zu beschäftigen. Als Fazit können wir festhalten, dass wir dort mit Hilfe unseres Coachs zu einer Neubewertung kamen[2].

2008 haben wir im Gedenken an einen unserer aktivsten Genossen das Manfred-Krause-Symposium abgehalten – fünf Jahre nach seinem Tod. Die Idee war, einen Menschen zu ehren, der sich in mehr als vier Jahrzehnten immer für die SPD eingesetzt hat. Der streitbar war und nicht nur Zustimmung erlebte, von dem wir aber wussten, dass er einen großen Teil seines Lebens für die Partei reserviert hatte. Die SPD war für ihn kein Hobby, das er zur Ablenkung vom Alltag betrieb, sondern wirklich und wahrhaftig Teil seines Lebens, ja vielleicht war sie überhaupt sein Leben.

---

[2] Vielen Dank, René: Du hast uns sehr geholfen. - Sehr zu empfehlen ist die Arbeit mit René Märtin: www.klarsyn.org

Mit diesem Symposium wollten wir Manfreds Lebenswerk ehren, zeigen, dass wir an ihn denken, gleichzeitig aber auch einen Raum schaffen zum Weiterdenken. Es sollte ein Forum zum freien Diskutieren geschaffen werden, in dem wir Sozialdemokraten uns mit Gleichgesinnten treffen können, um über gesellschaftspolitische Themen gemeinsam nachzudenken. Die erste Veranstaltung sah vor: drei Manfred besonders interessierende Themen (interkommunale Zusammenarbeit, kommunale Gesundheitspolitik, Schulpolitik), die jeweils von den Nachfolgern und der Nachfolgerin in Manfreds am meisten geschätzten Positionen vorgetragen wurden.
Wir denken sogar noch einen Schritt weiter und planen eine „Manfred-Krause-Akademie für kommunalpolitische Bildung".

Außerdem sind wir einmal pro Jahr sprichwörtlich „reif für die Insel", denn dann geht es für ein (manchmal sehr verlängertes) Wochenende nach Spiekeroog. Klausurtagungen in erreichbarer Nähe haben uns die negative Erfahrung gebracht, dass es dann immer einige Mitglieder gab, die erst später nach kamen und andere, die früher weg mussten. Das störte nicht nur den Ablauf, sondern auch den Gruppenzusammenhalt. Nach den ersten Aufenthalten auf der Insel wurde klar, dass durch die tidenabhängigen Fährverbindungen eine gemeinsame An- und Abreise eher eingehalten wurde. Und durch die räumliche Begrenzung der Insel trifft man nach nicht allzu langer Zeit auch diejenigen wieder, die während einer Pause vielleicht einmal allein oder in einer kleineren Gruppe unterwegs sein wollen. Abgesehen davon machen auch Spaziergänge am Strand in der gesamten Gruppe viel Spaß. Die Möglichkeit, abseits von Verkehrslärm und Hektik spazieren gehen zu können, wird im Übrigen auch ausgiebig während der Arbeit in Kleingruppen genutzt. Um Ideen entwickeln zu können, muss man sich eben von Zeit zu Zeit auf den Weg machen, dieser lässt sich nicht immer nur in geschlossenen Räumen finden. Und die Insel bietet die willkommene Gelegenheit, sich das Gehirn einmal ordentlich durchpusten zu lassen.

Natürlich kommt an diesem Wochenende die Geselligkeit nicht zu kurz, neben den gemeinsamen Spaziergängen wird auch – nach vorher abgefragten Wünschen – gemeinsam gekocht. Und der Absacker im „Blanken Hans" ist für alle ein gern absolviertes Muss.

Was vielleicht nach allzu viel Gemütlichkeit klingt, ist lediglich der Teil, der einerseits nach der Arbeit stattfindet, andererseits auch zur Belebung der Arbeit beiträgt. Die jedenfalls kommt nicht zu kurz, was jährlich ausgiebig dokumentiert wird und seit 1998 in den so genannten „Spiekerooger Beschlüssen" kulminierte, die jahrelang als Grundlage unserer kommunalpolitischen Arbeit diente und in drei überarbeiteten

Fassungen vorliegt, die auch in Zukunft den Anforderungen angepasst werden sollen.

Mit all diesen aufgeführten Mitteln schaffen wir uns Hilfen für den partei- bzw. kommunalpolitischen Alltag. Aus unserer Sicht sind sie unabdingbar für die Bewältigung der Aufgaben.

Wir möchten mit diesem Buch Mut machen. Mut machen, sich in der Partei zu engagieren, sich mit ihren Grundlagen vertraut zu machen und sie in konkretes Handeln einzubauen.
Es wurde schon angeführt, dass wir uns anhand von Literatur auch theoretisch mit politischen Hintergründen auseinander setzen. Wir beschäftigen uns ebenso mit den Fragen nach der Bedeutung von Begriffen wie „Solidarität“, „Freiheit“, „Gerechtigkeit“. Was steckt dahinter? Wie unterschiedlich wird mit diesen Begriffen umgegangen, welche (gesellschafts-) philosophische

Richtungen und Gedanken prägen sie in ihrer differenzierten Ausgestaltung?

Außerdem versuchen wir über unseren Tellerrand Kommune hinauszuschauen. Wir wissen, dass unser Handeln von Prozessen, die sich auf anderen Ebenen entwickeln, abhängt. Wir versuchen, diese Zusammenhänge zu erkennen, wozu wir den Blick heben und weiten müssen.
Aus diesem Grund beginnt unser Buch mit drei Vorträgen, die der Fraktionsvorsitzende Dr. Christoph Lanzendörfer bei verschiedenen Veranstaltungen gehalten hat. In ihnen lässt sich beispielhaft ablesen, durch welche Entwicklungen unsere kommunalpolitische Arbeit abseits des sonst wahrnehmbaren Alltags beeinflusst wird.

Es schließen sich dann die ganz persönlichen Äußerungen von Partei- und Fraktionsmitgliedern an, die lediglich aufgefordert wurden, dar-

über nachzudenken, weshalb sie in die Partei eingetreten sind und wieso sie immer noch dabei sind.
Die Beiträge beruhen auf sehr persönlichen Erlebnissen, sind ganz individuell formuliert und lassen die Unterschiedlichkeit der Beweggründe schnell erkennen.

Fast zum Schluss haben wir eine kleine Überraschung für den und die Mutigen, die bis dann durchgehalten haben: den Text eines selbst verfassten und natürlich selbst aufgeführten Theaterstücks. Dieses Stück, ein Zerrspiegel, wurde auf einer Weihnachtsfeier uraufgeführt und hat Publikum und Schauspieltruppe viel Spaß gemacht...

Viele Ortsvereine und Fraktionen leisten mit viel Einsatz sehr gute Arbeit, die leider nicht immer mit dem messbaren Erfolg von Stimmenzuwachs bei Wahlen belohnt wird. Trotzdem lassen sich die Aktiven nicht entmutigen und versuchen, mit Kreativität den politischen Alltag positiv anzugehen und zu gestalten. Da gibt es ausgezeichnete Beispiele für gut organisierte Veranstaltungen, es gibt kreative Werbeaktionen und Angebote zur Freizeitgestaltung für Jung und Alt in Form von Kinder-, Stadtteil- und Straßenfesten. Jede Aktion will der Partei dienen.

Wir haben ein Buch geschrieben.

I.

Allgemeines

Die Finanzkrise spielt sich nicht nur an der Wall Street oder im Frankfurter Bankenviertel ab, sondern natürlich auch in den Kommunen. Auf Anregung unseres Koalitionspartners CDU traf sich der Stadtrat zu einer Klausurtagung am 16.1.2010 über die Haushaltslage. Wir wollten dem gerne folgen, verlangten aber, nicht nur darüber zu diskutieren, ob man den Ansatz beispielsweise für Tafelkreide für die Schulen von € 220 auf € 200 senken könnte, sondern unser Ziel ist und war schon immer, durch einen Haushalt auch das Gesicht einer Kommune wie Bassum deutlich zu machen. Deswegen haben wir den durch unseren Fraktionsvorsitzenden vorgetragenen Beitrag in Gänze vorbereitet und diskutiert.

Die Heilung der Tuberkulose durch Entfernung der Lunge

oder:

Tod durch Verbrennen im langsamen Feuer

Grundsatzreferat auf der Haushaltsklausurtagung des Rates der Stadt Bassum am 16.1.2010

Dr. Christoph Lanzendörfer

Politisches Wollen muss begründet werden, aber zur Transparenz und zur besseren Nachvollziehbarkeit gehört auch, die Überlegungen, die zu einer Begründung führen, deutlich zu machen. Deshalb wird unser Beitrag etwas ausführlicher - unser Wollen aber verständlicher.

Über die alltäglichen Bedingungen zum Lebensunterhalt hinaus braucht ein Mensch Voraussetzungen für ein ungebrochenes Selbstverständnis. Es sind dies:

- die Erfahrung von affektiver Zuwendung,
- von rechtlicher Anerkennung,
- von sozialer Wertschätzung.

Der Philosoph Axel **Honneth** aus Frankfurt, der sich wesentlich mit den Fragen nach Anerkennung beschäftigt, nennt diese drei Voraussetzungen:

- Liebe
- Recht
- Solidarität[3].

Diese drei Punkte berühren das Menschsein als drei wesentliche Bausteine, ein zufriedenes, glückliches und erfülltes Leben zu führen.

Politik, auch Kommunalpolitik, hat die Aufgabe, die Rahmenbedingungen so zu gestalten, dass die Möglichkeit zur Entwicklung dieser Punkte gegeben ist.

---

[3] z.B.: Axel Honneth: Kampf um Anerkennung. Frankfurt/Main, 2008, S 148 ff.

Nicht nur die aktuelle Wirtschaftskrise, auch schon die Politik der Agenda 2010 nehmen den Menschen einen ganz wesentlichen Aspekt in dieser Aufzählung: den der Sicherheit, die aus dem Zusammenspiel von Recht und Solidarität erwächst.

Wer täglich erfährt, dass seine Arbeit nichts wert ist oder in ihrem Umfang als disponibel dargestellt wird, wer täglich über Presse, Fernsehen und Radio zu hören bekommt: deine Leistung ist viel zu gut honoriert, du musst weniger haben, damit dann insgesamt die Summe größer wird (was man sowieso nicht logisch versteht), der wird sich nach dem Sinn dieser Behandlung fragen.

Und: es sterben Kreativität, Veränderungswillen, Gestaltungsfähigkeit - die Gesellschaft wird ärmer.

Die meisten von uns sollen es schlechter haben, damit es ihnen später einmal besser gehen möge: Das ist der Glaube vom Wachstum, dem sich die derzeitige gelb-schwarze Koalition verpflichtet weiß. Joseph **Schumpeter**, der aus Österreich in die USA emigrierte Wirtschaftswissenschaftler, 1950 gestorben, nannte schon in den 20er Jahren des vorigen Jahrhunderts das Grundprinzip der Marktwirtschaft eine „schöpferische Zerstörung“[4]:

§ Zerstörung, weil es sich im Wettbewerb um Insolvenzen, Einkommensverlusten und Arbeitslosigkeit handelt;

§ schöpferisch hingegen sind auch neue Arbeitsplätze, neue Produkte und die Möglichkeiten zu Erleichterungen im täglichen Leben.

Die aktuelle Wirtschaftstheorie verkennt diesen Zusammenhang oder benennt ihn zumindest nicht ehrlich.

Ein Beispiel: Am 6.2.2008 veranstaltete BMW eine bizarre Schau. Der Vorstandsvorsitzende,

---

[4] u.a. in: Joseph A. Schumpeter: Kapitalismus, Sozialismus und Demokratie. Tübingen, 2005[8]

Norbert **Reithofer**, begrüßte die Aktionäre, Presseleute und die sich in deren Schlepptau einnistenden neudeutsch jetzt Analysten genannten volkswirtschaftlichen Bankerlehrlinge mit einem fröhlichen „Guten Morgen und herzlich willkommen in der BMW-Welt“. Seinen Gruß hätte er konsequent an die Arbeiterinnen und Arbeiter seiner BMW-Welt fortsetzen können: „Guten Morgen … und tschüß!“ Nämlich an 8.100 Mitarbeiterinnen und Mitarbeiter. Man erklärte „ehrgeizige Ziele“: eine Erhöhung der Umsatzrendite auf 10% und die der Eigenkapitalrendite auf 26%. Und dies, jetzt zitiere ich: „erlaubt eine Reduzierung der Personalkapazitäten in der Größenordnung von mehreren tausend Mitarbeitern.“ [5]

Erlaubt!

Die erwartete Erhöhung der Eigenkapitalrendite von 21 auf 26% „erlaubt“ das Rausschmeißen

---

[5] Nach: Ulrich Thielemann: System error. Frankfurt/Main: 2009, S. 7 ff

von 8.100 Mitarbeitern, „erlaubt" die Vernichtung familiärer Existenzen und „erlaubt" die Plünderung öffentlicher Kassen zugunsten dieser Gewinnerwartung.

Wenn wir wissen wollen, was pervers ist: Herr Reithofer hat dies beispielhaft vorgeführt!

Darüber allerdings schienen die Banker, die Analysten, enttäuscht zu sein: Man hatte wohl mehr Rauswürfe erwartet als lediglich die 8.100. Die BMW-Aktie sank am Folgetag um 4 %.

Das war im Februar 2008. Im September 2008 kollabierte mit der Pleite der Lehman's Brothers Bank das System der reinen Marktgläubigkeit in die Krise, wegen der wir jetzt dieses Wochenende opfern müssen, um über die Folgen unserer Heimatstadt zu beraten. Und im März 2009 sprach die Bundeskanzlerin davon, dass ihre Politik so ausgerichtet sei, schnellstmöglich den alten Zustand vor der Krise wieder herzustellen.

Dazu können wir nur sagen: Um Gottes Willen! Also genau die verkrachten Existenzen an den Banken, die Präsident **Obama** auf dem Klimagipfel von Kopenhagen im Dezember 2009 die „Bonzen der Wallstreet“ genannt hat, die jetzt wieder wie die Macher der Bank of America genau so viel Boni zahlen wie 2007, die jetzt wieder wie der Chef der Deutschen Bank eine Kapitalrendite von 25% fordern, die jetzt wieder wie der Vorstandsvorsitzende der Commerzbank höhere Gehälter auch für die staatlich geschützten Banken fordern (Jahreseinkommen von € 500.000 imponieren in diesen Kreisen wohl auch eher als Hartz-IV-Sätze), die sollen wieder so wirtschaften können, dass wir uns wegen einer neuen Krise bald hier wieder treffen können.
Um Gottes Willen.

Der schwarzgelbe Koalitionsvertrag sieht aber so aus. „Wachstum. Bildung. Zusammenhalt“ nennt er sich. Und für uns Kommunen liest er sich wie ein mittelalterliches Willkürurteil mit Tod durch Verbrennen im langsamen Feuer[6]. Pro Jahr werden wir 3 Milliarden Euro weniger haben, Schätzungen des Gemeinde- und Städtebundes vom Anfang Januar 2010 gehen von jährlich 12 Mrd. € Verlust für die Kommunen aus: verminderte Steuereinnahmen bei erhöhten Sozialleistungen. Vertröstet werden sollen wir auf die Zukunft: Wenn ihr weniger habt, werden alle mehr haben. Hier treffen sich Ahnungslosigkeit und Vernunftresistenz zu einer unheiligen Messe zur Anbetung des Götzen Wachstum.

Die Präsidentin des deutschen Städtetages, Petra **Roth**, CDU, nennt das: „Wir sitzen in einer Falle!"[7] Wir Kommunen müssen die wachsenden Ausgaben in der Daseinsvorsorge leisten, werden aber gleichzeitig erheblich weniger einnehmen.

---

[6] Besonders grausame Tötung während der Inquisition. Es ging hierbei nicht nur um ein Verbrennen, sondern eher um ein Zu-Tode-Rösten.

[7] „Wir sitzen in einer Falle", Frankfurter Rundschau, 7.11.2009

Ich freue mich, dass wir heute auf Wunsch unserer CDU-Kollegen hier sitzen, um deren Vorschläge zur Behebung dieser Misere zu diskutieren.

Die Steuerversprechen der schwarzgelben Koalition dienen der Versorgung der eigenen Klientel. Rolf **Brügelmann** vom Institut der Deutschen Wirtschaft in Köln meint zum Regierungsentwurf: „Man kann die angekündigte Fiskalpolitik in der Tat als mutig bezeichnen. Aber nicht im positiven Sinn."[8]

Auf den 124 Seiten oder 6136 Zeilen des Koalitionsvertrags wird insgesamt 84mal die Einrichtung einer Prüfungskommission angekündigt. Was da alles noch zusätzlich auf uns zukommen mag: Vor der Wahl in Nordrhein-Westfalen kriegen wir aus denen nichts heraus.

---

[8] Nach: Stefan Schulz: Ökonomen zerpflücken Steuerversprechen. Spiegel online 8.11.2009

Unqualifiziert, weil nirgendwo Qualitätskriterien ersichtlich sind, wird derzeit „Wachstum“ gefordert. Z.B. ist ja auch das gewünschte Anheben der Eigenkapitalrendite von 21 auf 26% Wachstum - leider nicht für 8.100 Familien, die dafür geopfert werden.

Ein Maßstab wird allerdings doch genannt: die Steigerung des Bruttoinlandprodukts. Mein Vorschlag: zur Steigerung dieses BIP gehen alle diejenigen, die mit einem Auto zur heutigen Sitzung gekommen sind, jetzt gleich nach draußen aus diesem gemütlich beheizten Raum und lassen den Motor ihrer Autos bis zum Ende der Tagung laufen. Das verbraucht Sprit, der muss neu gekauft werden, damit steigern wir das BIP. Die Folgen müssen uns nicht interessieren. **Es geht um Wachstum**! Auf jetzt... Die anderen können sich derweil damit beschäftigen, welche Kreuzungspunkte wir verschärfen, damit es dort ordentlich kracht, die Autos müssen ja ersetzt werden: **Wachstum**!

Übrigens: ein ähnliches Beispiel stammt vom Vorsitzenden einer von Président **Sarkozy** eingesetzten Kommission zur Abschätzung der Folgen der Krise. Es handelt sich um den Ökonomienobelpreisträger Joseph **Stiglitz**[9].

Die meisten hier in unserem Kreis, aus einem gesicherten Haus kommend, mit Recht auch zufrieden über ihre Leistung, sozial und finanziell gesichert, werden möglicherweise nicht über die merkwürdige Sicht stolpern, die aus beiden Aussagen stammt: „Wer etwas leisten will, braucht finanzielle Anreize dafür." Und die andere Aussage: „Wenn wir die Leistungen für Arbeitsuchende kürzen, werden sie motiviert, aktiv zu werden." Das kommt aus derselben Denkfabrik

---

[9] „Das Glück wird vermessen", Frankfurter Rundschau, 15.9.2009

und bedeutet de facto: Ökonomische Anreize gelten nur für die ohnehin Besitzenden, den Nichtshabenden muss die Matte weggezogen werden, auf dass sie endlich aufstünden.

Warum ist es heutzutage verpönt zu sagen: Um die Unterschichten oder das *Prekariat* zu motivieren, aus ihrer Lage herauszukommen, müsste man die Löhne erhöhen, ein spezielles Prämiensystem (sog. Boni) erfinden oder ein Scheitern der Bemühungen mit horrenden Summen abfedern?

Das wäre, wie Robert **Misik** meint, eine durchaus eigenwillige Dressurtechnik: die gut genährten Pferde bekommen ein Stück Zucker beim Überspringen eines Hindernisses, den klapprigen werden auch noch die Krümel genommen in der Erwartung, sie würden dann schon alleine springen.[10]

---

[10] Robert Misik: Politik der Paranoia, Berlin 2009, S. 109

Müssen wir in der Stadt Bassum diese Fehler eigentlich auch alle nachmachen?

Wir im Rat stehen unterschiedlich zu bestimmten Entwicklungen in der Stadt.

Beispiel Innenstadt: Ob es sinnvoll ist, drei neu hinzugekommenen Kettengeschäften bei der Verlegung zweier weiterer Geschäfte die tragende Rolle in der weiteren Entwicklung zu geben, mag bezweifelt werden. Bisher sieht die Gesamtbilanz hinzugekommener Geschäfte in diesem Bereich gegenüber geschlossenen Geschäften ja eher mager aus. Beim schlendernden Durchgang durch unsere Haupteinkaufsstraße sehe ich derzeit nicht weniger geschäftslose Fenster als vorher. Und ob das Schließen einheimischer Geschäfte wirklich kompensiert wird durch Kettenläden, die hier ja kaum Steuern zahlen, mag uns die Kämmerin erzählen.

Beispiel Krankenhaus: Ähnlich haben wir bei der Entwicklung des Krankenhauses unterschiedliche Wahrnehmungen: Was jetzt wieder einmal mit öffentlichen Mitteln am Krankenhaus gefördert wird, ist nichts anderes als die Verwirklichung des 1. Bauentwurfs von 1978, der 1980 vom damaligen Sozialminister Hermann **Schnipkoweit** allerdings zugunsten einer kleinen Lösung verworfen wurde. Das bedeutet: Worüber jetzt gejubelt wird, ist keine Erweiterung des Krankenhauses, ist lediglich eine Entzerrung der Bettensituation und eine Vergrößerung der Intensivstation durch Übernahme auch der sog. Intermediate Care Unit, also der internistischen Überwachung. Es handelt sich hierbei **nicht** um die Verlegung der Psychiatrie aus Twistringen. Beschaut man sich die Baupläne des fest quadratischen Baukörpers kritisch, so ist, was ja auch grundsätzlich sinnvoll ist, alles damit möglich. Sogar die geplanten Schleusenzugänge für die Intensivstation am vorderen Abschnitt, beson-

ders aber am Verbindungsgang zur ICU können durch Türverlegung anders genutzt werden. Und damit ist gerade die Ausrichtung als Allgemeinkrankenhaus nicht gesichert.
Unsere Kritik richtet sich auch nicht daran aus. Unsere Kritik ist an die einer sich als karitativ bezeichnenden Organisation unwürdigen Tarifgestaltung für die Mitarbeiter und Mitarbeiterinnen gerichtet, die ja nun auch endlich in die Öffentlichkeit gelangt ist. Für unsere Praxis suchten wir neulich neue Teammitglieder: von den über achtzig Bewerbungen kamen neun aus dem Krankenhaus Bassum! Schwestern (und ein Pfleger), die bereit waren, qualitativ unter dem Niveau ihrer Ausbildung zu arbeiten, um dort weg zu kommen. Und schauen wir uns das Tarifgefüge der Service-GmbH an: Eine Krankenschwester verdient dort monatlich € 1.300, unsere jüngste, gerade ausgebildete Arzthelferin bekommt € 1.600. Zugegeben, wir zahlen übertariflich, aber diese Diskrepanz erklärt, weshalb die

Unzufriedenheit vieler im Klinikverbund tätiger Personen zunimmt. Wir wollen nicht, dass die Enttäuschung über die nicht leistungsgerechte Bezahlung der so immens wichtigen Arbeit in der Pflege und Betreuung von kranken Menschen sich auf dieses Arbeit überträgt. Wir fordern gerechten Lohn für gute Arbeit! Menschen, die in Vollzeit arbeiten, sollen auch von ihrem Lohn leben können, das gilt nicht nur im Gesundheitswesen, sondern für alle Bereiche.

Dieses Lohndumping ist wie das Heilen der Tuberkulose durch Entfernen der Lunge. Es nutzt auf Dauer keinem etwas.

Für die Stadt Bassum bedeutet das bei knapp einer Million EUR an gesparten Löhnen im Klinikverbund einen Kaufkraftverlust von ca. € 500.000 plus entsprechende Mindereinnahmen über die Einkommenssteuerbeteiligung.

Wir sollen als Kommune also weiterhin die komplette Infrastruktur zum Wohle unserer Einwohnerinnen und Einwohner vorhalten – Straßen und Wege, Kindergärten und Schulen, Schwimmbäder und Sportplätze und vieles mehr – und erhalten auch durch eine geringere Kaufkraft weniger Steueranteile. Wir haben also alle – privaten und öffentliche Kassen – weniger Geld, aber damit soll die Wirtschaft angekurbelt werden und wir erwarten weiteres Wachstum??

Gleichzeitig mit der Verminderung finanzieller Mittel fordert der Staat mit seinen zahlreichen Institutionen mehr ehrenamtliches Engagement. Wir fragen, wie Menschen, die sich um ihre existenzielle Absicherung kümmern müssen, noch Zeit für eine ehrenamtliche Arbeit finden sollen. Natürlich gibt es lobenswerterweise immer noch sehr viele Menschen, die sich um andere kümmern, die ihre Zeit anderen zur Verfügung stellen, egal, in welchen Bereichen. Doch die Anzahl derer, die Hilfe benötigen, wird immer größer. Und der Frust über nicht belohnte Anstrengungen in Schule, Ausbildung und Beruf nimmt zu.

Was wir sogar hier und nicht nur in Bremen, Hamburg oder Berlin erleben: Lärmende Gruppen Jugendlicher, Flaschen, die zerbrochen auf Gehwegen liegen gelassen oder in Gärten geworfen werden, Rücksichtslosigkeit an der Kasse im Supermarkt, schnell einsetzendes Gekeife, wenn man sich ungerecht behandelt fühlt. So etwas stört, so etwas macht das Leben in der Gemeinschaft schwer erträglich.

Wir hören aber gleichzeitig vornehmlich von liberalen Politikern, man solle die Unterschichten aus der Wärmestube des Sozialstaats nehmen, man solle sie mit der Härte des täglichen Existenzkampfs konfrontieren, jeder solle für sich selbst sorgen.

Sie predigen also Rücksichtslosigkeit und sind erschüttert, wenn sie genau die bekommen.

Kommt denn niemand auf die Idee, dass die Entsolidarisierung der Gesellschaft und die Zu-

nahme von Rücksichtslosigkeit mit einander zu tun haben?

Und: Können wir durch eine diese Solidarität stützende Kommunalpolitik etwas für die Stärkung des Gemeinwesens tun oder geht es auch hier eher um die Versorgung befreundeter Vereine, Verbände oder Organisationen?

Wir sitzen jetzt hier und sollen uns Gedanken machen: Was geht, was nicht? Wie viel verbleibt wofür?

Da gibt es eine Lösung: den Rasenmäher! Alle Bereiche um den gleichen Satz kürzen. Geht schnell, wir können gleich gehen. Wir müssen uns nur noch um die Höhe der Kürzung bemühen, die aber abgeleitet werden kann aus der Höhe unseres Verlusts.

Dann: politisch Schwerpunkte setzen, also Gewichtungen vornehmen. Ist mühsam und wird Ärger geben: Warum wird mein Hobby gestrichen und das der anderen nicht?

Wir müssen mit dieser Sitzung beginnen zu klären, welche Schwerpunkte und welche Ausrichtung unsere Stadt haben soll, welches unverwechselbare Gesicht wir haben wollen.
Politik heißt: sich mit dem Ärger auseinanderzusetzen. Deswegen stehen wir uneingeschränkt auf der Seite der Schwerpunktsetzung.

Wir hoffen auf eine Diskussion von Zielen, nicht in erster Linie von Zahlen: Welches Gesicht soll unsere Stadt haben? Was ist der gemeinsame Geist, den unsere Stadt verkörpern soll? Gibt es Punkte, die wir gemeinsam tragen können, um einen Fortschritt für Bassum sichtbar werden zu lassen?
Nach unserer Meinung müssen wir den Auftrag, den wir uns selbst als Beschluss gegeben haben, auch ernst nehmen: Bassum ist eine familienfreundliche Stadt. Hier sehen wir Schwerpunkte. Bassum muss den schon hier Wohnenden, aber auch neugierigen anderen attraktiv er-

scheinen, weil wir eine rührige Gemeinde mit freundlichen Kindergärten, engagierten Schulen und interessanten Sportangeboten sind.

Und da sehen wir folgende Reihenfolge:

- § **Kindergärten und Hort**. Wir haben gesetzliche Aufträge zu erfüllen, wir wollen aber nicht nur den gesetzlichen Mindeststandard sondern nach unseren Vorstellungen ausgestattete KiTas einschließlich Hortangebote. Deswegen sind diese Angebote sinnvoll auszustatten, auch oberhalb eines Minimalstandards. Hierzu zählen wir das personelle Angebot auch zur Schulung und Beratung, hierzu zählen wir Gruppen- und Fachräume. Leicht sinkende Kinderzahlen geben uns die Chance, bessere Angebote zu machen. Für diese Bereiche schlagen wir eine Erhöhung der Haushaltsansätze gegenüber 2009 vor.
- § **Grundschulen**. Dank des Konjunkturprogramms II der großen Koalition konnten wir

schon einiges an Sanierungsmaßnahmen erreichen. Das ist ein Anfang, wir wissen, dass wir weiter in die Gebäude investieren müssen. Ebenso ist für uns klar, dass wir aufgrund der sich verändernden Gesellschaft mit mehr Alleinerziehenden und mehr Familien, die auf zwei Einkommen angewiesen sind, mehr Ganztagsbetreuungsplätze werden vorhalten müssen. Dazu gehört, dass wir an unserer schülerzahlenmäßig größten Grundschule eine Mensa anbauen wollen. Wir wollen die Schulen weiterhin in der Ausweitung ihrer pädagogischen Angebote auch in den Nachmittag hinein unterstützen.

§ **Sportflächen**. Nicht nur für den vereinsgebundenen Sport, auch für freien Sport sollte die Stadt ein Angebot vorhalten. Wir schlagen deshalb vor, auf dem Gelände des für die Kampfbahn C des Schulzentrums reservierten Bereichs zwei Grünflächen als wettkampftaugliche Sportflächen auszubauen und dabei einen der Plätze als Schulsportanlage zu deklarieren, damit wir dort eine Förderung aus der Kreisschulbaukasse erhalten können.

In diesen Bereichen wollen wir nicht nur nicht sparen, sondern auch mehr ausgeben. Das bedeutet natürlich, dass wir in anderen Bereichen zu Einsparungen gezwungen sein werden. Und für diese sollte der Grundsatz gelten: Geht nicht - gibt's nicht! Wir müssen über alle Bereiche, die übrig bleiben, reden können und dabei kreative und vielleicht auch völlig neue Wege in den Blick nehmen.

Das heißt: Wir müssen eine Aufgabenkritik des Bauhofs mit entsprechender Diskussion der Ausstattung haben, wir werden über eine Streckung der Anschaffung für Feuerwehrfahrzeuge sprechen müssen, wir werden sehen müssen, wie ehrgeizig unser Straßenbauprogramm bleiben kann, wir werden Abstriche in der Pauschal-

förderung von Vereinen und Verbänden diskutieren, wir werden die Dienstfahrzeuge der Stadt auf Notwendigkeit und Nutzen untersuchen müssen und erwarten hierfür ein Konzept. Die Bereitschaft zu solchen und ähnlichen Überlegungen erwarten wir von allen.
Unserer Meinung nach ist es nicht vordringlich, einen zahlenmäßig stimmigen Haushalt zu erstellen, sondern inhaltliche Arbeit zu leisten.

Wir warten aber erst einmal auf eine Antwort auf die Frage: was gedenkt ihr, die örtliche CDU und das FDP-Mitglied im Rat, was gedenkt ihr zu tun, um Einfluss auf das Geschehen zu nehmen, das die Kommunen in den Konkurs treibt?

Dann können wir diskutieren.

Dieser Beitrag ist an den Stellen, die sich direkt auf Bassumer Örtlichkeiten und sehr eingegrenzte Themengebiete bezieht, allgemeiner formuliert worden als dies im gehaltenen Vortrag der Fall war. Wir wollen mit unseren Beiträgen Beispiele dafür geben, wie wir kommunalpolitische Themen angehen und in die Diskussionen einsteigen. Dabei wollen wir auch unsere Stadt als Beispiel sehen, doch allzu auf die Lokalität bezogene Angaben allgemeiner darstellen. Wer sich dennoch ganz konkret über unsere Ansichten zu den Themen Klinikverbund im Landkreis, Schulpolitik, Innenstadtgestaltung, Zusammenarbeit mit anderen Kommunen usw. informieren möchte, kann diese Infos auf unserer immer sehr aktuellen Internetseite erhalten:

www.spd-bassum.de

WESDA ist ein Bassumer Consulting-Unternehmen, das regelmäßig zu kulturellen Veranstaltungen einlädt. Gelegentlich sind es Ausstellungen oder Vorträge zu karitativen Aktionen. Zum 25. April 2008 luden die beiden Geschäftsführer, Maik Dannemann und Günther Meyer, zu einer besonders interessanten Veranstaltung: Sie ließen die drei Grundwerte Freiheit, Gerechtigkeit und Solidarität referieren und luden dann erst zu einer Diskussion und danach zum Rotwein ein. Dass die beiden gerade diese Themen wählten, ist kein Wunder: Sie sind Genossen.

Auf dieser in der Presse und besonders von den erstaunlich zahlreichen Anwesenden als brillant geschilderten Veranstaltung trug Edda Frerker, Richterin i.R., das Thema **Gerechtigkeit** *vor, der katholische Pfarrer Monsignore Reinhard Molitor aus der Nachbargemeinde Twistringen stellte die* **Freiheit** *aus seiner Sicht dar und das Thema* **Solidarität** *übernahm unser Bassumer Fraktionsvorsitzende Dr. Christoph Lanzendörfer.*

Manfred, das Mammut, und die Solidarität

Dr. Christoph Lanzendörfer

Mit der Solidarität verhält es sich ähnlich wie mit der Pornographie: Niemand kann sie genau beschreiben, aber jeder weiß, was gemeint ist, wenn er sie sieht.

Wir sollten deswegen versuchen, an einem konkreten Beispiel herauszuarbeiten, was Solidarität bedeutet.

Stellen wir uns eine kleine Gruppe vor, die mühsam einen gefahrvollen Weg in die erhoffte Rettung geht. Da stürzt einer in eine Schlucht, kann sich aber für einen Moment noch halten, sein Konkurrent in der Gruppe rettet ihn gerade noch, stürzt dabei aber selber ab und wird durch ein Wunder so eben vor dem Tod bewahrt. Keuchend liegen die beiden nebeneinander und der zuerst Gestürzte, Diego, fragt verwundert:

„Warum hast du das gemacht?“

Und die Antwort:

“Das macht man so in einer Herde. Man hilft sich gegenseitig.“

Der, der das sagt, ist Manfred, das Mammut, die Szene ist aus dem Film Ice Age.

Das macht man so in einer Herde. Man hilft sich gegenseitig.

Zwei Aspekte sehen wir in dieser Szene zum Inhalt eines Wertes, dem der Solidarität. Zum einen gibt es unhinterfragte Werte und damit Handlungsforderungen - *Man hilft sich gegenseitig* - und zum anderen werden diese Werte spontan, ja geradezu intuitiv umgesetzt - *Das macht man so in einer Herde*.

Nun sind Mammuts mittlerweile ausgestorben. Lassen wir uns also einen Augenblick in die Vergangenheit gehen, um zu sehen, ob wir eine

Linie des Wertes Solidarität in der Menschheitsgeschichte finden.

Es gibt neurobiologische Forschungsergebnisse, denen zu Folge höher entwickelte Lebewesen nur deswegen höher entwickelt sind, weil ihnen ein „Solidaritätsgen" zu Eigen ist. Joachim **Bauer** hat diese Ergebnisse in seinem Buch „Prinzip der Menschlichkeit"[11] zusammengefasst. Er datiert die Entstehung dieses Gens auf etwa 150 Millionen Jahre zurück, also zur Entstehung der ersten Säuger. Folgt man allerdings der Essenz dieser Ergebnisse, so stellen wir fest, dass das Solidaritätsgen nur eines ist, das uns individuell weiterhilft, uns ein besseres Überleben ermöglicht, also gerade kein Solidaritätsgen ist. Auch Lee Alan **Dugatki**[12] hat gerade zu diesem Thema eine sehr spannend zu lesende Schrift erstellt: „Wie kommt die Güte in die Welt?" Er geht eben-

---

[11] Joachim Bauer: Prinzip der Menschlichkeit. Hamburg: Hoffmann und Campe, 2006

[12] Lee Alan Dugatki: Wie kommt die Güte in die Welt? Berlin: Berlin University Press, 2008

falls davon aus, dass uns Solidarität angeboren ist.

Wenn Solidarität etwas ist, das „man so macht in einer Herde“, dann müssten wir in uralten Überlieferungen Hinweise darauf finden.

Im wohl ältesten Buch der Welt, dem Gilgamesch-Epos aus einer Zeit von vor ca. 3.600 Jahren, finden wir tatsächlich Hinweise darauf. Abgesehen davon, dass dieses Buch den Kreislauf des Lebens wieder spiegelt (es beginnt und endet mit denselben vier Zeilen), wird ein solidarisches Leben, freilich nicht in diesen Worten, von Gilgamesch und seinem Freund Enkidu geschildert. Erste Hinweise also: Man hilft sich in Gefahr und Not, obwohl (oder weil?) es hier gerade nicht um einen Krieg ging.

Drei Jahrhunderte später, etwa 1.300 v. Chr., gab es erstmals eine theologische Reformation: Der Pharao Thutmosis schwenkte von einem Polytheismus in einen Monotheismus um, verehrte nur noch Aton, die Sonne, und nannte sich in Folge dessen Echnaton. Echnaton schuf ein Gebet, den Sonnenhymnus, der erstmals in der bekannten Geschichte der Religionen alle Menschen ohne Standesunterschied in die Gnadensuche einschloss und sie aufforderte, wie Brüder zu leben. Aber auch hier „Billard-Gnade“: Die Sonne scheint für alle, die Sonne lässt alle leben, sich unter einander zu misshandeln oder auch nur sich nicht zu helfen, verletzt die Würde Gottes.

Dann passiert etwas überall in der uns aus dieser Zeit bekannten Welt und die Karl **Jaspers** als die „Achsenzeit“ der Menschheit bezeichnet hat: Zwischen etwa 700 und 300 v. Chr. bildeten sich in China, Indien, Griechenland, Palästina Grundsätze und Ideen heraus. Konfuzius und Solon als Gesetz- oder Religionsstifter oder die Upanischaden und das Alte Testament wurden in dieser Zeit tätig oder geschrieben. In allen Teilen finden wir das Gebot der Brüder-, Nächsten-

oder Stammesliebe oder zumindest -fürsorge verankert.

Nun sind die zehn Gebote ja nicht für alle Menschen geschrieben, hier wird mir mein Gesprächspartner Monsignore Molitor sicher zustimmen, sie sind lediglich für eine Schicht besitzender Männer im Umbau zwischen Nomadentum und Ackerbau verfasst worden und drücken deren Grundsätze aus: Die Wahrung des Besitzstandes, die Unverletzlichkeit der eigenen Familie, insbesondere der eigenen Frauen, die Auffassung, dass Sklaven („Knechte“) und Frauen keine eigenen Rechte haben, und das Verbot des grundlosen Tötens gelten ja nur im Kontext des Stammesrechts. Und so sind wir leicht einigen Irrtümern aufgesessen: Das Gebot „Du sollst nicht töten“ klingt zwar gut, steht aber ausdrücklich nicht im Alten Testament. Martin Buber hat in seiner Übersetzung dieses Gebot übersetzt mit „Du sollst nicht morden“, gemeint ist „Du sollst nicht außerhalb des Gesetzes töten“, was wohl das hebräische, dort stehende Wort *razach* bedeutet. Natürlich wird im Alten Testament getötet für alles Mögliche, aber eben im Zusammenhang mit Regelüberschreitungen.

Im Neuen Testament finden wir in den Synopsen drei Stellen[13], in denen Christus gefragt wird, welches das wichtigste Gebot sei. Und er antwortet: Das höchste Gebot sei, Gott zu lieben, aber dem gleich sei es, seinen Nächsten zu lieben wie sich selbst.
Hier finden wir dann den Beginn der abendländischen Tradition der Nächstenliebe.

Im fünften Jahrhundert schuf der *pater ecclesiae* Augustinus seinen Dreisatz von Gottes-, Selbst- und Nächstenliebe. Indem er aber die Nächstenliebe als die schwächste Form der Liebe bezeichnete, die in der Selbstliebe aufgehe, unter-

---

[13] Mt 22, 37-40, Mk 12, 28-31, Lk 10, 25-27 (bezeichnend, dass hiermit bei Lukas die „Samariter-Szene“ eingeleitet wird)

brach Augustinus schon nach so kurzer Zeit wieder diesen neuen Impetus: Die Nächstenliebe, oder: Solidarität, war nicht mehr eines der beiden höchsten Gebote. Tja, da hatte Jesus sich dann wohl getäuscht. Kann ja mal passieren.

Und das, obwohl schon im Jakobus-Brief den Angeredeten ein Spiegel vorgehalten wird, rede nicht nur, tu etwas: *Wenn aber ein Bruder oder eine Schwester bloß wäre und Mangel hätte an der täglichen Nahrung und jemand unter euch spräche zu ihnen: Gehet hin in Frieden! Wärmet euch und sättigt euch! ihr gäbet aber nicht, was dem Leib Not ist: was hülfe ihnen das? So auch der Glaube, wenn er nicht Werke hat, ist er tot in sich selber*[14].

Hannah **Arendt**[15] hat in ihrer 1929 erstellten Dissertation über den Liebesbegriff bei Augustin diese Punkte noch einmal verdeutlicht.

---

[14] Jk 2, 15-17

[15] Hannah Arendt: Der Liebesbegriff bei Augustin. Neue Ausgabe. Berlin Wien: 2003, Philo

Für etwa 800 Jahre verschwand dann das, was wir Nächstenliebe oder Solidarität nennen, von der Bildfläche, als Papst Urban II 1098 auf dem Konzil von Clermont „Deo Lo vult“ auf die Menschenmenge herunterbrüllte und damit meinte: Es mache nichts, Ungläubige, Nichtgetaufte, Ketzer und Juden zu töten: Gott will es! Gott will es, Menschen zu töten, die anders aussehen, anders denken. Gott will es, dass unsere Nächsten getötet werden.
Damit war auch die Liebe zu diesen Nächsten vernichtet. Deo Lo vult: Gott will es!

Im siebten Jahrhundert wurde der Islam als Religion gestiftet, und jeder, der Gott nach den Regeln des Korans verehrt, muss als eine der fünf Glaubensbeweise Almosen stiften. Das ist damit genau so wichtig wie das erste dieser Gebote, das Glaubensbekenntnis: Es gibt keinen Gott außer Gott und erinnert genau an die Jesus-

Worte von der Gleichheit der Gottes- und Nächstenliebe.

Nichts möchte ich jetzt sagen über die Entwicklung der Solidarität als politischer Begriff seit der französischen Revolution, als Begriff der katholischen Soziallehre, nicht möchte ich über die Begründer Heinrich **Pesch** oder später Oswald von **Nell-Breuning**, über die Sozialenzykliken, auch nicht über die Entwicklung seit Kant.

Nun gibt es ein italienisches Sprichwort, das einen ganz wichtigen Punkt beschreibt:
Tra il dire e il fare // c'e un mezzo di mare.

Oder frei nach dem Motto „Reim dich oder ich fress dich" habe ich übersetzt:
Zwischen Sagen und Tun // ein halbes Meer mag ruh'n.

Wichtiger wird es sein, zumindest kurz darauf einzugehen, was Solidarität praktisch bedeuten kann: Solidarität kann ein Instrument sein, persönliche Not durch Unterstützung anderer zu beseitigen, Solidarität kann aber auch eine gemeinsame Anstrengung für ein gemeinsames Ziel sein, Solidarität kann aber auch schlicht menschliche Verbundenheit sein, aus der sich konkrete Handlungen ableiten lassen. In der Moralphilosophie nennt sich das *supererogatorisch*: nicht verpflichtend, aber löblich.

Solidarität ist im Gegensatz zu Wohltätigkeit symmetrisch und horizontal, d.h. hier treffen sich Gleichberechtigte. Wohltätigkeit ist asymmetrisch und vertikal, weil hierbei wohl Dankbarkeit, aber keine Gegenseitigkeit gefordert wird, Wohltätigkeit bedingt ein Oben und ein Unten. Solidarität hat immer etwas mit einem Mangel zu tun, dem gemeinsam abgeholfen werden soll. Solidarität umfasst damit, im Gegensatz zur Wohltätigkeit, auch ein Gefühl der Gemeinsamkeit.

Von Jürgen **Habermas** stammt die Unterscheidung zwischen Solidarität und Gerechtigkeit: „Gerechtigkeit bezieht sich auf die gleichen Freiheiten unvertretbarer und sich selbst bestimmender Individuen, während sich Solidarität auf das Wohl der in einer intersubjektiv geteilten Lebensform verschwisterten Genossen bezieht“[16]. Solidarität bezieht sich also auf das Wohl der in einer Kommunität lebenden Menschen, Gerechtigkeit bezieht sich auf das Freiheitsmaß des einzelnen.

Welche Konzepte zur Solidarität sehen wir heute?

Abgesehen von Exoten wie Nicholas **Capaldi** von der Universität von Tulsa in den USA, der „Solidarität als pathologischen Gemeinschaftsglauben“ und dagegen die Familie als „privates

---

[16] Jürgen Habermas: Gerechtigkeit und Solidarität. In: ders., Erläuterungen zur Diskursethik, Frankfurt: Suhrkamp, 1991, stw 975, S. 70

System der sozialen Sicherung“[17] bezeichnet, gibt es heute kaum noch Widerspruch gegen die Auffassung von Solidarität als wechselseitige moralische Verpflichtung zwischen Individuum und Gesellschaft.

Jedes Wort ist bei dieser Definition wichtig: Solidarität besteht aus Wechselseitigkeit und erweitert damit den christlichen Begriff der Nächstenliebe, sie ist moralisch und nicht notwendigerweise gesetzlich kodiert („Das macht man so in einer Herde“), es besteht eine Verpflichtung für bestimmte Unterstützung in bestimmten Situationen und sie betrifft sowohl Individuum als auch Gesellschaft. Das ist die Definition, die Kurt **Bayertz**[18] erstellt, ich persönlich sehe noch den Aspekt der Spontaneität dabei: Hilfe und Unterstützung ist meistens spontan (frei nach dem

[17] Nicholas Capaldi: Was stimmt nicht mit der Solidarität? In: Kurt Bayertz (Hg.) Solidarität. Frankfurt: Suhrkamp, 1998, stw 1364, S. 86-109

[18] Kurt Bayertz: Begriff und Problem der Solidarität. In: ders. (Hg.), Solidarität, ebd., S. 11

lateinischen Sprichwort *Bis dat qui cito dat* [Doppelt gibt, wer schnell gibt]).

Und noch ein Hinweis: Wir verwechseln oft, weil es so ähnlich klingt, Solidarität mit Solidargemeinschaft. Solidarität ist eine moralische Verpflichtung, wir fühlten uns z.B. in einem bisher nicht gekannten Ausmaß verpflichtet, den Tsunami-Opfern in Thailand solidarisch beizustehen, während die Teilnahme an der Solidargemeinschaft der Kranken- oder Rentenversicherung einen gesetzlichen Anspruch auf Leistungen begründet.

Hat die Einschränkung von Leistungen der gesetzlichen Krankenkassen mit Solidarität zu tun? Noch einmal: Hier handelt es sich um eine Solidargemeinschaft, die jeden nach wirtschaftlicher Stärke zu Aufgaben heranzieht, die Leistungen aber unabhängig davon vergibt. Das ist aber nicht Solidarität. Denn hier wird ein Rechtsanspruch erworben, hier handelt es sich um Sozialeigentum, wie Robert **Castel**[19] es beschrieben hat, der gleichzusetzen ist mit dem Besitzeigentum. Aber: Das ist nicht Solidarität.

Fassen wir zusammen und setzen wir zum Ende These - Antithese - Synthese:
Solidarität ist freiwillig, benötigt nach Werten bewusst lebende Menschen, die spontan ohne persönliche Nutzenabwägung für einander einstehen und sich helfend unterstützen, Solidarität ist damit ein wechselseitiges Geschehen und nicht in formelle Regeln gepackt. Zur Solidarität gehört die Achtung des anderen als mir gleichberechtigt. Solidarität ist grenzen-, klassen-, rassen- und zeitlos, wird als Gegenseitigkeit aber meist in der Nähe erlebt. Zur Solidarität gehört als letzter Punkt ein Gemeinschaftsgefühl.

---

[19] Robert Castel: Die Stärkung des Sozialen. Hamburg: Hamburger Edition, 2005

Solidarität ist andererseits gefährdet durch die Vermittlung der Ethik einer Ellenbogengesellschaft mit den Jeder-ist-sich-selbst-der-Nächste-Werten. Wir laufen Gefahr, zu einer unverbundenen Gruppe „wirloser Ichs“ zu werden, wie Norbert **Elias**[20] es so anschaulich ausgedrückt hat. Schon 1931 bezeichnete Aurel **Kolnai**[21] Hochmut als den „Hebel für die Werteperversion“, weil er dazu führe, sich selbst als Zentrum darzustellen.

Meine These: Solidarität ist der Wert, der eine Gesellschaft stabil hält. Es ist die Eigenschaft, die uns Menschen aus der Isolation in eine verbundene Gruppe führt.

Und dieser Wert und damit Stabilität und Errungenschaften einer Gesellschaft sind in Gefahr, als sozialromantischer Ballast abgeworfen zu

---

[20] Norbert Elias: Wandlungen der Wir-Ich-Balance (1987), in: ders.: Die Gesellschaft der Individuen, Frankfurt: Suhrkamp, stw 974, 2003, S. 207-315, hier S. 267

[21] Aurel Kolnai: Der Hochmut (1931), in: ders.: Ekel Hochmut Hass, Frankfurt: Suhrkamp, stw 1845, 2007, S. 66-99, hier S. 75

werden. Wir bewegen uns deswegen wieder in die soziale Höhlenperiode der Menschheit hin.

Meine Antithese: Dies wird nicht passieren, weil wir als Sozialwesen auf einander angewiesen sind.

Und die Synthese: Wir werden viel verlieren, wenn wir uns nicht Tendenzen entgegen stellen, die uns Menschen nur noch das Ich belassen und das Wir nehmen.

Auf dem in der Einleitung angesprochenen Manfred-Krause-Symposium diskutierten wir auch eine Idee der Bassumer SPD: Gesundheitspolitik zu machen ohne Gesundheitspolitik. Geht nicht? - Geht doch! Wir haben eine Idee wie!

Sozialeigentum und Risiko

Möglichkeiten kommunalen Engagements in der Gesundheitspolitik

Dr. Christoph Lanzendörfer

Soziale Absicherung kann leicht missverstanden werden als Forderung nach sozialer Sicherheit. Die zu erreichen ist schon theoretisch nicht möglich, praktisch wird sie zu einem Hase-und-Igel-Rennen ausarten.

Sicherheit bedeutet spiegelbildlich Bedrohung. Die wesentlich sozialdemokratischen Ideen entspringenden Sozialsicherungssysteme hatten zum Zeitpunkt ihrer Entstehung konkrete Bedrohungen zum Anlass: Armut, Krankheit, Arbeitsverletzungen. Die Sicherungssysteme sind in der Folge zu werten wie die bürgerlichen Rechte: Sozialleistungen stellen einen Rechtsanspruch dar, der zum einen persönlich erworben wurde (Beitragszahlungen), zum anderen unseren Gedanken von Menschenrechten entsprechen. Hauptaufgabe von Sozialleistungen ist demnach auch nicht die Rückverteilung der durch Steuern erhobenen Werte (Redistribution).

Natürlich steigt das Gefühl von erlittener Ungerechtigkeit, wenn das Privateigentum als Ausdruck bürgerlichen Rechts weiterhin abgesichert bleibt und sogar im Neoliberalismus als das zentrale Menschenrecht schlechthin dargestellt wird, während das Sozialeigentum als Ausdruck des Sozialrechts in einer großen Varianz als disponibel hingestellt wird, ja den Leistungsempfängern erklärt wird, sie müssten sich auf weitere und tiefer gehende Einschnitte in ihre Rechte einstellen.

Eine Politik, die diesen Grundgedanken folgt, verkennt, dass hiermit gerade die durch Sozialleistungen bewirkte Sicherheit und damit Freiheit und letztlich die Motivation zu gemeinschaftlichem Handeln zerstört wird.

Die Mitglieder einer Erwerbsgesellschaft unseres Zuschnitts erwerben durch ihre Arbeit Sozialeigentum in Form von Rentenansprüchen, Gesundheits- oder Lohnersatzleistungen. Während dieses Eigentum beschnitten und verändert wird, partizipiert eine schmale Minderheit unverändert am Nutzen des Privateigentums.

Richard **Sennett** hat immer wieder darauf verwiesen[22], wie sehr uns diese Veränderungen aufhorchen lassen müssen: Menschen, die mit erheblicher sozialer Unsicherheit leben müssen, werden demoralisiert. Johano **Strasser**[23] sieht ebenfalls konkrete Gefahren für eine Kommunität durch die „Zurichtung des Menschen zu ei-

---

[22] z.B. am ausführlichsten in „Der flexible Mensch“, dt. 1998

[23] Leben oder Überleben? 2001

nem Element des Marktes“ (so der prägnante Untertitel seines Buches). Inhalt linker Politik ist die Beibehaltung oder Wiederherstellung des Menschen in einem gemeinschaftlich organisierten Leben. Das „Wir“ prägt die sozialdemokratische Grundhaltung. Die herrschende Lehre des neoliberalen Ökonomismus führt jedoch zu einer Spezies Mensch, die Norbert **Elias**[24] als „wirlose Ichs“ bezeichnet.

Spannungsverhältnis Risiko / Sicherheit

Im Rahmen neoliberaler Gesellschaftsentwürfe wird den Individuen gerade nicht mehr Sicherheit geboten, sondern mehr Risikobereitschaft abverlangt. Verstehen wir Risiko als mögliches, hinsichtlich der Wahrscheinlichkeit des Auftretens und der Schadenshöhe kalkulierbares Ereignis, so lässt sich das berechnen. Ein Gärtner kann auf Grund der bekannten Wetterlage die Wahrscheinlichkeit des Auftretens von Hagelschauern

---

[24] Die Gesellschaft der Individuen, 1987

abschätzen und danach den wirtschaftlichen Nutzen einer Glasversicherung für seine Gewächshäuser berechnen. Diese Berechnung lässt sich auch noch auf die Altersvorsorge treffen, für den Gesundheitsbereich wird sie so gut wie unmöglich.

Der Liberalismus sieht Menschen als unverbundene Gruppen von Individuen, die ihre Risiken selbst kennen und steuern. Dieses Gesellschaftsmodell ist in seiner Schlichtheit eingängig, es erfüllt aber nicht die soziale und politische Realität. **Der Liberalismus ist bezüglich seiner Wertvorstellungen und seiner Antworten auf soziale Entwicklungen unfähig, eine Gesellschaft stabil zu gestalten.**

Es gehört zur Natur eines sozialen Rechtsstaats, keinen Rundumschutz bieten zu können. Je mehr schon in der Vergangenheit Kommunitäten ihren Mitgliedern Schutz und Sicherheit boten, desto größer waren die Zwänge innerhalb dieser Gemeinschaften. Gilden und Zünfte boten ihren

Mitgliedern Sicherheit, waren aber ein starres System von gegenseitigen Abhängigkeiten. Ähnlich die schon als Gewerkschaften und Genossenschaften zu bezeichnenden *fraglie* und *colleghi* seit dem Venedig des 10. (!) Jahrhunderts, die für ihre Mitglieder Löhne, Alterswohnsitze (Jakob **Fugger** brachte vier Jahrhunderte nach der Entstehung von Wohnungen für Matrosen diese Idee von Venedig mit nach Augsburg) und Pensionen erstritten. Allerdings zum Preis einer völligen Abhängigkeit vom Staat Venedig.

In diesem Spannungsverhältnis von Risiko und Sicherheit verneint der Liberalismus die Frage: Möchte der moderne Mensch auf Freiheit im Austausch gegen Sicherheit verzichten? Sozialdemokratisches Denken sieht zwischen diesen Polen eine Interdependenz, kann diese Frage also weder verneinen noch bejahen.

Das macht die Sache nun nicht einfacher. Im Prinzip ergibt sich hieraus ein „soziales Böckenförde-Theorem". Ernst-Wolfgang **Böckenförde**[25] erklärte zum Rechtsstaat: „Der freiheitliche, säkularisierte Staat lebt von Voraussetzungen, die er selbst nicht garantieren kann".

Sozialleistungen sind keine Almosen eines mäzenatengleichen Staates, sondern als Ausdruck von Sozialeigentum ein Rechtsgut. Daraus folgt, dass

a) dieses Gut nur zu einem geringen Grad disponibel und

b) auch nicht redistributiv einzusetzen ist. Umverteilungen müssen über Steuern erfolgen, nicht über Sozialbeiträge.

Denn beide Eingriffe a) und b) entsprächen einer Enteignung.

Sollen Risiken verstärkt selbst eingegangen werden, z.B. durch einen höheren Eigenanteil an den Sozialkosten, wobei die Gesellschaft insgesamt einen geringeren Anteil am Sozialeigentum erwirbt, so müssen Möglichkeiten geschaffen

[25] Recht, Staat, Freiheit, 1991

werden, diesen Anteil gleich effektiv zu nutzen. Zieht sich die Gesellschaft aus den direkten Sozialkosten zurück, so muss sie aber andererseits im Rahmen eines sozialen Rechtsstaats dafür Sorge tragen, dass jede und jeder weitestgehend vergleichbare Chancen auf Gesundheit und Absicherung erhält. „Wer arm ist, stirbt früher“ ist als Maxime von politisch Handelnden unerträglich.

Der Rückzug der Gesellschaft aus der gemeinsamen Verantwortung und damit direkten Gesundheitskosten muss zumindest parallel dazu durch ein Angebot kompensierender Maßnahmen ausgeglichen werden. Um dies möglich zu machen, muss Gesundheitspolitik als gemeinschaftliche Aufgabe viel weiter gefasst werden. Damit ist Gesundheitspolitik eine *Alle-Ebenen-Aufgabe* geworden.

Die Frage, die sich vor jeder Maßnahme stellt, lautet: Kann diese Vorstellung auch ohne allgemeine, alle betreffende Maßnahmen durchgeführt werden? Spätestens seit Ferdinand **Tönnies** (es war der sozialdemokratische Hochschullehrer der Soziologie aus Kiel, den die Nazis ohne Pension und Einkommen aus dem Amt gejagt hatten, der also den Segen tätiger Solidarität kannte) unterscheiden wir bezogen auf ein Individuum zwischen **Gemeinschaft** als auf Dauer angelegten und **Gesellschaft** als vorübergehenden, unterschiedliche Sphären betreffenden Zusammenhalt[26]. Es stellt sich die Frage nach dem Rahmen, der eine Maßnahme vorzugeben hat.

Gesundheitskosten sind Solidarkosten. Es wird damit bestätigt, dass in der Not niemand vor nicht zu leistenden Anstrengungen alleine gelassen wird.

Solidarität hat immer zwei Komponenten: eine altruistische, die das Ziel hat, sich um den Menschen als Menschen zu kümmern, und eine egoistische, die geprägt ist vom Gedanken, es

---

[26] Gemeinschaft und Gesellschaft, Neuausgabe der 8. Aufl. [1935], 1979

gehe auch mir besser, wenn es anderen besser gehe. Solidarität ist also nicht „dumpfe Masse“, sondern setzt einerseits bewusst denkende Persönlichkeiten voraus, andererseits kann sie durch Gesetze erzwungen werden (Pflicht zum Krankenkassenbeitritt, Rentenversicherungspflicht usw.).

Im Gesundheitsbereich sind wir fast alle Mitglieder einer erzwungenen Solidargemeinschaft, den Krankenkassen. Maßnahmen, die zwar mich persönlich betreffen, werden aber abgewickelt durch eine Versicherung. Da die Mittel der Krankenkassen von ihren Mitgliedern erbracht werden, ist das Solidarinstrument Krankenkasse gleichzeitig als Sozialeigentum Besitz aller.

Es spricht also alles dafür und nichts dagegen, den Begriff vorbeugender Gesundheitspolitik auszudehnen auf Bereiche, die auf den ersten Blick überhaupt nichts mit Gesundheitspolitik zu tun haben, im Gesamtsystem allerdings dazu befähigen, die Risiken einer Lebensführung in einer komplexen und hinsichtlich des Mobilitätsanspruchs widersprüchlichen Welt zu schultern (einerseits sind wir sicherlich mobil, das aber betrifft in erster Linie die reine Zeit-Entfernungs-Relation: wir jetten zwar schnell in den Urlaub auf die Seychellen, benutzen aber meist nicht einmal das Fahrrad, um beim Bäcker Brötchen zu holen).

Möglichkeiten der persönlichen Vorsorge durch kommunale Angebote

Die persönliche Gesundheitsrisikoabschätzung ist von einer großen Vielschichtigkeit geprägt. Demnach gehören zu einer aktiven Gesundheitspolitik nicht nur das Pokern um Pillenprozente oder Leistungsgrenzen, sondern bewusst Politikbereiche übergreifend auch Maßnahmen im Bereich von Schul-, Jugend-, Verkehrs- oder auch Umweltpolitik. Werden Sicherheitsbedürfnisse und Risikoforderungen abgewogen, so kann eine zukünftige Gesundheitspolitik Elemente enthalten, die beiden Gedankensträngen entsprechen: also sowohl weitestgehende Teilhabe am Sozialeigentum als auch stärkere Risikohaftung.

Wir gehen davon aus, dass Maßnahmen bevorzugt ergriffen werden, die direkt fassbar und erlebbar sind. Kommunale Gesundheitspolitik darf sich demnach nicht auf die Einrichtung eines Gesundheitsamtes alleine verlassen, sie kann vorbeugend tätig sein.

Der Kinder- und Jugendgesundheitssurvey KIGGS (www.kiggs.de) umfasst u.a. die Module Beweglichkeit (MoMo), Essverhalten (EsKiMo) und psychische Gesundheit (Bella). In allen Bereichen kann eine Kommune Elemente präventiver Gesundheitspolitik anbieten.

Beweglichkeit, Koordination, Ausdauer und Flexibilität als vier der fünf motorischen Hauptbeanspruchungsformen lassen sich früh in das tägliche Leben integrieren. Nach MoMo werden wir vermehrt bewegungsschwache und -ungeübte

Erwachsene zu erwarten haben, EsKiMo weist uns darauf hin, dass wir dem us-amerikanischen Gesundheitsdesaster mit Fettsucht und Folgeschäden (Altersdiabetes bei bereits 11-jährigen Kindern!) beinahe gleichauf sind. Kommunale vorbeugende Gesundheitspolitik muss umfassen:

§ In allen Schulen bei Einführung des Ganztagsunterrichts wöchentlich mindestens fünf Stunden Sport;

§ auf den Spielplätzen wieder vermehrt Kletterstangen und -gerüste, die Koordination und Flexibilität fördern (die Angst vor möglichen akuten Verletzungen darf das Risiko des Verlernens oder Nielernens bestimmter Bewegungen nicht überdecken);

§ ausreichend große und ausgebaute Sportflächen, im Verbund von kleineren Gemeinden eine ausreichende Zahl von Freibädern und Schwimmhallen;

- § Erhöhung der zumutbaren Entfernung Wohnung - Schule auf mindestens 3 km bei gleichzeitigem Ausbau eines Radwegenetzes mit den Schulen als Zentrum;
- § Schul- und Kindergartenernährung nach ausgewogenen ökotrophologischen und nicht ökonomischen Gesichtspunkten;
- § Verzicht auf die kommunale Hundesteuer, um mehr Bewegung durch das Ausführen zu fördern[27];
- § Förderung des Nahtourismus per Bahn und Rad durch ein gut beschildertes Radwegenetz, notfalls durch Unterstützung gastronomischer Betriebe und zentralen Radverleihen oder -werkstätten;
- § Jugendfreizeitheime mit interaktiven Angeboten;
- § beratende Fachkräfte in den Kommunen zu Fragen der Ernährung und der Beweglichkeit,

[27] Für Bassum wäre das ein jährlicher steuerlicher Ausfall von etwa 68.000 €

auch in Zusammenarbeit mit örtlichen Anbietern;

§ dichte Netze von Beratungsstellen für Suchtgefährdete usw.

Auf den ersten Blick haben diese Angebote mit Gesundheitspolitik wenig zu tun, hierauf werden sich auch die Bundesgesundheitspolitiker und -politikerinnen berufen. Sie stellen jedoch ein Angebotsgerüst für vermehrte Beweglichkeit, gesunde Ernährung und frühzeitige Beratung in allen Bereichen dar, dienen also der persönlichen Risikoabschätzung und Vorsorge. Und diese Leistungen müssen dort erbracht werden, wo sie erfahrbar sind und wo die Nähe für eine bedarfsgerechte Ausweitung bestimmend ist: in den Kommunen.

Da die kommunalen Finanzen sehr angespannt sind, muss sich die Diskussion primär darauf verlagern, dass auch scheinbar nicht streng gesundheitsbezogene Vorstellungen einen Einfluss auf Gesundheit haben. Demnach müssen wir zuerst einen Paradigmawechsel erzwingen: nicht nur die durch Krankenhäuser, Ambulanzen oder Medikamente veranlassten Kosten sind Gesundheitskosten, auch vorbeugende Maßnahmen gehören dazu.

In Zeiten einer ökonomistischen Monophilosophie wird es am schwierigsten sein, diese Ideen als gesundheitsbezogen zu erklären. Da der Liberalismus nur individuelle, aber keine Gemeinschaftsrechte kennt, konzentriert sich sein Denken lediglich auf die raumzeitgleich Zusammenlebenden, nicht auf die in anderen Regionen Lebenden, schon gar nicht auf Menschen folgender Generationen. Ein sozialdemokratisches Konzept setzt andere Schwerpunkte: den Spagat zwischen Sozialeigentum und Risiko geleitet von der Idee der Solidarität.

Nach der fürchterlichen Wahlniederlage vom September 2009 machte sich unsere Parteivorsitzende, Dorit Schlemermeyer, Gedanken zur Entwicklung der Partei. Sie wurden im engeren Kreis diskutiert - aber was heißt diskutiert, wenn alle der gleichen Meinung sind ...?

SPD in Zukunft

Dorit Schlemermeyer

Als in diesem Jahr die Bundestagswahl für die SPD mit dem historisch schlechtestem Ergebnis überhaupt endete, machten wir Mitglieder das, was vorzugsweise Frauen tun, wenn irgend etwas schief gelaufen ist: zuerst mal bei sich die Fehler zu suchen.
Nicht umsonst hat diese Partei einen solch hohen Frauenanteil und einer der besten Charaktereigenschaften dieser Partei ist die Fähigkeit zur Selbstkritik.

Wer allerdings immer im eigenen Suppenteller herum schwimmt und die Außenfaktoren nicht wahrnimmt, verstellt sich die Möglichkeit neue Perspektiven zu suchen.

Ist es nicht auch möglich, dass wir so gut sind, so gut gearbeitet haben und soviel Überzeugungsarbeit geleistet haben, dass die anderen Parteien viel zumindest verbal von uns übernommen haben? Nicht umsonst spannt Angela **Merkel** den sozialen Schirm über die Arbeitnehmer. Die Rede ist davon, dass die CDU sich sozialdemokratisiert hat. Die ersten Bekanntgaben der neuen Regierung galten den Hartz IV Empfängern und den Familien.

Was also bleibt für uns übrig, wenn Andere unsere Begriffe von Freiheit, Gerechtigkeit und Solidarität besetzen? Wer genau hinhört oder liest, merkt schnell, dass allen anderen Parteien - die Linke hat sowieso nur geklaut - sich jeweils nur ein Stück aus unserem Kuchen rausbrechen, das, was gerade noch so reinpasst in ihr Weltbild. So allumfassend wie die SPD, die anstrebt für alle Menschen ein „gutes Leben“ zu erreichen und dabei auf die gesellschaftliche Solidarität und die positive Freiheit für Gerechtigkeit setzt, traut sich keiner der anderen zu denken, zu sehr haben sie die Interessen der Lobbyisten im Blick. Mit dem Hamburger Programm haben wir ein Programm, das zutiefst den humanistischen Gedanken entspricht. Aber wer hat es zur Kenntnis genommen, wer hat gemerkt, dass wir die einzige Partei sind, die die Basis so mit einbezogen hat wie bei der Mitarbeit am Hamburger Programm?

Wir, auch hier und heute, haben es nicht nötig, uns in neutrale Gewänder zu kleiden, um nicht zu politisch zu sein und noch weniger haben wir es verdient, dafür diskriminiert zu werden, wie unser Bürgermeister es im Wahlkampf getan hat mit seinem Wahlslogan „Ehrlichkeit und Vertrauen statt Parteizugehörigkeit“. Wie wir es in unserem kommunalpolitischen Leben mittlerweile schon häufiger erfahren haben. Wir stecken das ein und machen weiter, weil wir einen Traum nicht aufgeben wollen, nämlich die Welt ein ganz klein wenig besser zu machen für alle!!! Das ist der große Unterschied zu den anderen Parteien und gleichzeitig die große Idee, die auch alle Flügel in der SPD eint. Mit unserer Arbeit in Bassum zeigen wir das, wir müssen es jetzt „nur" noch dem von uns geachteten Bürger nahe bringen. Und wenn wir das geschafft haben, machen Hans Meyer und Lise Müller vielleicht auch einmal wieder Werbung für uns…

Erkenntnisse darüber, dass Parteimitglieder ferngelenkt, dumm, borniert, machtgeil, korrupt, auf Publikum aus, vernunftwidrig handelnd, ideologisch verbohrt, populistisch daher schwätzend, von einer anderen Welt, zugleich aber hinterwäldlerisch sind, kennen wir. Unterhalten kann man sich darüber aber kaum, wer so etwas behauptet, weiß ja eh schon alles. Aber hier ist einmal eine Antwort!

Topidioten

Können die Bremer Stadtmusikanten ein Vorbild für Parteien sein?

Dr. Christoph Lanzendörfer

In der uns überschlagenden Flut von Büchern, die Parteien als Schuldige des politischen Niedergangs sehen, den „Herbst der Volksparteien" (Franz **Walter**[28]) diskutieren, in Parteimitgliedern

[28] Franz Walter: Im Herbst der Volksparteien? Bielefeld, 2009

im besten Falle arme, verführte Würstchen sehen - in dieser Flutwelle taucht auch ein Buch auf, das schlicht im Untertitel behauptet: „Warum Politiker besser sind als ihr Ruf“[29].

Nehmen wir einige Beispiele: Ein hiesiger Bankfilialleiter, ein militanter Gegner der Parteien, hatte einen Termin in unserer Praxis. Ich hatte an dem Vormittag ein Schild aufgehängt: „Heute wird Herr M. Sie untersuchen. Herr M. ist gelernter Elektriker, er kommt als Seiteneinsteiger zu uns.“ Was das denn solle, fragte mich der angesprochene Bankfilialleiter. Ich erklärte ihm, ich wolle mich doch nicht dem neuen Trend verschließen, der für die Politik fordert, auch Seiteneinsteigern (zumeist wohl aus der Wirtschaft stammend) eine Chance zu geben, warum solle das denn hier in einer Arztpraxis anders sein? Und wenn er wolle: ich könne gerne meinen Fri-

[29] Nikolaus Blome: Faul, korrupt und machtbesessen? Berlin: wjs Verlag, 2008. Gab es auch vorübergehend bei der Bundeszentrale für politische Bildung, Schriftenreihe der bpb, Bd. 771

seur anrufen und ihm, dem Banker, dort eine Chance geben, mein Friseur sei ganz heiß auf Seiteneinsteiger.

Unser amtierender Bürgermeister in Bassum vermarktete sich für den Wahlkampf 2006 mit dem flotten Spruch: *Ehrlichkeit statt Partei(zuge)hörigkeit!* Dabei hatte er einen Coach oder Ratgeber gewinnen können, der ihm beim Auftauchen einer Kamera ein artifizielles Lächeln antrainiert hatte. Zudem werden seitdem dezent graublaue Röcke und braune Beinkleider bevorzugt, die auch mehr als nur eine Nuance neu sind und eher einem Hinterherhecheln trendigen Modebewusstseins entsprechen. Aber: Er ist ja ehrlich, weil er nicht einer Partei angehört. Er ist so ehrlich und unabhängig, dass er es sich erlauben kann, mit sieben Vertretern eines Bezirksschützenverbandes alleine als einziger Stadtvertreter einen grandios einseitigen Vertrag auszuhandeln. Ist es unnötig, darauf hinzuwei-

sen, dass unser Bürgermeister Kreisvorsitzender dieses Schützenverbands ist? Er verhandelt unabhängig, selbstredend, weil er ja keiner Partei angehört. Und dass er sich selbst einen Vertrag mit seiner Amtsvertreterin für einen Privatdienstwagen gegeben hat: ehrlich und unabhängig. Zumal ist die Begründung in einer besonderen Weise ehrlich und beweist Unabhängigkeit von Moral: Die Kosten für einen Privatwagen seien ihm zu hoch, deswegen schaffe er ein Familienauto ab und fordere den Dienstwagen mit privater Nutzung.
Es gibt welche, die nehmen ihm gecoachtes Grinsen, Kleiderwechsel, Autogelüste und Parteilosigkeit als ehrlich und unabhängig ab. Das ist das eigentlich Wunderbare: Märchen haben wieder Konjunktur!

Und dann: Wer in Bayreuth wissen möchte, was die einzelnen Fraktionen wollen, der kann sich gerne auf der Fraktionenliste seinen Favoriten aussuchen:

- § CSU: 13 Sitze
- § SPD: 10 Sitze
- § Bayreuther Gemeinschaft (BG): 10 Sitze
- § Bündnis 90/DIE GRÜNEN und Unabhängige (Grüne): 4 Sitze
- § Junges Bayreuth (JB): 2 Sitze
- § FDP: 2 Sitze
- § BT go!: 2 Sitze
- § Bayreuther Bürger-Liste (BBL): 1 Sitz

8 Listen teilen sich 44 Sitze! Das mag für Anhänger der Chaostheorie ein ganz interessantes Versuchslabor sein, ist dies aber wirklich ein sinnvolles Instrumentarium zur Bewältigung aktueller und künftiger Probleme? Wie lange entsprechen die Mitglieder der Liste „Junges Bayreuth" ihrem eigenen Programm? Verbergen sich hinter den Buchstaben BT go! anglizismophile

PS-Fanatiker, die das Autokennzeichen von Bayreuth als programmatisches Identifikationssymbol erkoren haben? Weshalb war „der Wähler“ so gemein, die Bayreuther Bürgerliste nur mit einem Sitz zu beglücken, während er der Bayreuther Gemeinschaft den zehnfachen Einfluss ermöglichte?

Wofür stehen diese Konstruktionen?

Andererseits gibt es auch Wählervereinigungen, deren Ziel klar im Namen erkennbar ist: Von 2004 bis 2009 war die stärkste Fraktion im Stadtrat von Freiberg (Sachsen) die Wählervereinigung „Haus und Grund“, auch die „Initiative Freiberger Sport“ konnte mehr Stimmen als Grüne oder FDP ergattern. Bei der Kommunalwahl 2009 wurde das zwar etwas korrigiert, aber es erstaunt dann doch, dass so offenkundig eigennützig wirkende Vereinigungen angetreten sind, für das Gemeinwohl zu sorgen. Das erinnert markant an Stadtregierungen des späten Mittelalters.

Sind wir flugs auf dem Weg dorthin zurück?

Und was unterscheidet Parteien von diesen Wählervereinigungen?

Der ganz große Unterschied: Parteien sind sowohl Überzeugungs- als auch Gesinnungsgemeinschaften im Sinne von Elmar **Wiesendahl**[30]. Ihre Mitgliedschaft repräsentiert zum einen eine gemeinsame Gesinnung, die eine große Schnittmenge für richtig befundener Ideen und Ideale verkörpert. In vielen Punkten mag es graduelle Differenzen geben, aber die grundsätzliche Ausrichtung in einer Partei ist homogen. Und zum anderen ist diese Mitgliedschaft (und in einem geringeren Rahmen auch das Umfeld, die „Sympathisanten" oder „Nahesteher") bereit, für diese gemeinsame Gesinnung anderen gegenüber Überzeugungsarbeit zu leisten.

[30] Elmar Wiesendahl: Mitgliederparteien am Ende? Wiesbaden, VS Verlag, 2006

Dieser dahinter stehende Sinn macht vieles aus: Engagement, Solidarität, Opferbereitschaft in finanzieller und sozialer Hinsicht. Und würden Parteimitglieder nicht der festen Überzeugung sein, an etwas Großem mitzuarbeiten, eine Gemeinschaft aufzubauen, sie würden Wahlniederlagen nicht ertragen, sie würden verzweifeln und bald ihre Aktivität einstellen. Die Hoffnungen auf materielle Entlohnung oder auf öffentliches Ansehen können es nicht sein: materiell lohnt sich Parteiarbeit besonders auf kommunaler Ebene so gut wie nie, das öffentliche Ansehen von Parteimitgliedern kann auch als derb gering eingeschätzt werden.

Der Unterschied zu Wählervereinigungen:

Parteien arbeiten an Ideen für die gesamte Gesellschaft, Wähler- oder Bürgerblöcke sind an ganzheitlichen Lösungen für alle nicht interessiert, sie beziehen sich nur auf Einzelaspekte, zumeist innerhalb der Kommunalpolitik.

Unterstellt wird, dies verallgemeinernd, Politikern und Politikerinnen ja eine Geistesabwesenheit: Mit dem Parteibuch geben sie ihre Geistesgaben ab und beten stumpf nach, was ihnen befohlen wird. Es scheint nun einmal so, dass Kommentatoren beiderlei Geschlechts in den Diskussionen auf Parteitagen, in den Ortsvereinen, in verschiedenen Gremien lediglich einen Ritus sehen, um eine Proforma-Legitimität für Machenschaften von Strippenzieherinnen und Hinterzimmerakrobaten zu erreichen. Niemand dieser Berichterstatter würde gleiches über die Jahresversammlungen der Freiwilligen Feuerwehr von Beuthenried oder über die Bestimmung des Chorleiters des MGV „Einheit" aus Sargwitz erwähnen. Parteien aber mauscheln natürlich grundsätzlich und immer und ziehen sich gegenseitig über den Tisch. Mit einer immer wieder erstaunlichen Aussage: Über die mitgliedlose FDP wird so etwas irritierender Weise nicht berichtet. Allerdings: Wer sollte da auch mit wem mauscheln? So viele gibt es da ja nicht[31]. Aber für die anderen Parteien gilt: immer zu irgendwessen Nutz und Frommen. Mal des Bundesparteivorstands, dann eines Funktionärs (Parteimitglieder mit einer ehrenamtlichen Aufgabe heißen ohne Ausnahme immer Funktionär) oder auch des örtlichen Vortänzers.

Jon **Bon Jovi** erzählte in einem Interview[32] auf die Frage, weshalb er sich nicht in der Politik engagiere: „Weil Politik ein sehr undankbarer Job ist […] Als Politiker musst du davon ausgehen, dass 50 Prozent der Leute dich sowieso hassen, bevor du überhaupt den Mund aufmachst […] Und ganz gleich, wofür du dich als Politiker einsetzt: Irgendjemand wird dir irgend-

---

[31] Es sei denn, wie beim sog. „Wachstumsbeschleunigungsgesetz“ von Ende 2009, dass der Vorsitzende des Hoteldachverbands mit seinen Parteifreunden bei der FDP kungelt, uneigennützig wurde ja auch noch kurz zuvor eine tranchierte Spende von insgesamt 1,1 Mio € von einem Hotelier an die FDP gespendet.

[32] Zehn Fragen an Jon Bon Jovi, Frankfurter Rundschau Nr. 285/2009, 8.12.2009, S. 40

wann vorwerfen, es sei eine hirnrissige Idee. Dann musst du Bypässe legen, um zum Ziel zu kommen. Den Job muss man wirklich lieben, um ihn machen zu wollen."

Jon Bon Jovi kann nicht nur hervorragende Musik machen, er ist nicht nur in einem unglaublichen Umfang sozial engagiert: er durchblickt offensichtlich auch die Mechanismen der öffentlichen Meinungsmache!

Mitglieder einer Partei beweisen durch ihre schlichte Parteimitgliedschaft schon eine gewisse Leidensfähigkeit. Es ist nicht attraktiv, einmal im Monat bis zu mehrmals wöchentlich in Gremien zu arbeiten; es ist nicht attraktiv, im Regen an Ständen zu stehen, um Überzeugungen wahlwerbend zu vertreten; es ist nicht attraktiv, morgens in aller Herrgottsfrühe Materialien zu verteilen; es ist nicht attraktiv, dafür auch noch einen Parteibeitrag zu entrichten; es ist nicht attraktiv, für dieses Engagement von den klugen Inaktiven entweder für blöd, für korrupt, für

machtgeil oder für alles Schlechte zuständig gehalten zu werden.
Dennoch tun es Hunderttausende: in Parteien mitzuarbeiten.

Parteimitglieder ergänzen sich. Was der eine nicht weiß, bringt die andere mit. Zur Erarbeitung eines bestimmten Gesellschaftsbilds schließen sich viele zusammen, bringen ihre Erfahrung mit, informieren sich gegenseitig, diskutieren um den besten Weg, besprechen Lösungen und deren mögliche Folgen. Parteimitglieder im Allgemeinen (reine Karrieristen ausgenommen) sind in besonderem Maße solidarisch, sie sind in besonderem Maße engagiert.

Die Bremer Stadtmusikanten flohen vor dem sicheren Tod, weil ihre Arbeit nichts mehr wert erschien. Sie bewiesen durch ihre Solidarität und durch den Austausch ihrer Ressourcen, dass sie als Gemeinschaft überlebensfähig waren und letztlich das Böse aus ihrer Welt vertreiben konnten. „Etwas Besseres als den Tod findest du allemal“ wurde zu einem Erfolgsmodell.

Der Unterschied zu Parteien ist nur der: Parteimitglieder haben nicht den sicheren Tod im Nacken, sondern ein Zukunftsbild vor sich. Ein Zukunftsbild für eine friedliche Gesellschaft. Und wir Sozialdemokratinnen und Sozialdemokarten haben das Bild einer geschwisterlichen Welt vor uns: eine Welt, die geprägt ist von Freiheit, Gerechtigkeit und Solidarität.

Und dafür machen wir Politik. Im Land und in der Stadt.

II.

Persönliches

Warum bin ich eigentlich politisch aktiv?

Maik Dannemann

Für mich bedeutet Politik das, was Menschen bewegt: Im Grunde ist fast alles, was das Zusammenleben von Menschen betrifft, politisch.

Im Alter von 12 Jahren bin ich zu den Christlichen Pfadfindern gegangen und habe dort unter anderem gelernt, mich in Gruppen einzufinden, was gegenseitige Rücksichtnahme bedeutete, füreinander da sein, einander helfen und sich immer neuen Herausforderungen zu stellen.

In späteren Jahren kam die Übernahme von Verantwortung hinzu, als ich begann selbstständig, auch überregional, Gruppen zu führen. Als ich anfing, mich näher mit den Grundsätzen der Pfadfinder zu befassen, merkte ich erst, wie wichtig sie für mich im Laufe der Jahre geworden waren. „Kinder und Jugendliche zu frei denkenden Menschen erziehen, die auch Verantwortung in der Gesellschaft übernehmen können."

Dieses Ziel war mir sehr wichtig geworden und zwar in zweierlei Hinsicht. Zum einen wollte ich helfen, dieses Ziel zu erreichen, indem ich die Arbeit bei den Pfadfindern als Gruppenleiter weiterführte. Zum anderen merkte ich aber an mir selbst, dass durch diesen Erziehungsansatz auch bei mir der Wunsch gewachsen war, Verantwortung in der Gesellschaft zu übernehmen.

Zudem war im Laufe der Jahre in mir das Gefühl gewachsen, dass als ungerecht empfundene Zustände verändert werden müssten.

Mir war aber klar, dass das nur geht, wenn sich Menschen für eine Veränderung, für eine Verbesserung der Bedingungen einsetzen.

Die Zeit der Gruppenleitung bei den Pfadfindern war altersmäßig eingeschränkt, so dass sich mir nach dieser Phase – ich war damals 26 Jahre alt - die Frage aufdrängte, in welchem Bereich ich denn weiterhin aktiv sein könnte. Das Versprechen eines Kreuzpfadfinders, eines erwachsenen christlichen Pfadfinders, lautet unter anderem, dass er den bei den Pfadfindern gelernten Umgang auch in Kirche, Politik, Staat und Gesellschaft anwenden will.

Eine Idee entwickelte sich.

Und obwohl ich damals von Kommunalpolitik nicht viel Ahnung hatte und sie auch in Bassum nicht sehr intensiv verfolgt hatte, schrieb ich die in Bassum aktiven Parteien an und bat um Informationsmaterial. Sich unverbindlich einmal über die Programme und die Arbeit vor Ort zu informieren, schien mir in meiner damaligen Situation der richtige Schritt zu sein. Nur eine ein-

zige Partei reagierte allerdings: die SPD. Manfred **Krause** rief mich damals an und vereinbarte ein erstes Gespräch mit mir.
Natürlich soll nicht der Eindruck entstehen, als sei ich in der SPD aktiv geworden, nur weil sie die einzige Partei war, die auf mein Anschreiben reagiert hatte.

Schon in meinem Elternhaus hatte ich als Kind erlebt, wie ablehnend meine Eltern auf einen Politiker namens Franz-Josef **Strauß** reagierten, wenn er im Fernsehen sprach. Hielt aber Helmut **Schmidt** eine Rede, so hieß es: „Sei still, den wollen wir hören!“ Meine Eltern und auch meine Großeltern waren nicht unbedingt Sozialdemokraten, aber sie sympathisierten eher mit der SPD als mit irgendeiner anderen Partei.

Ich erinnere mich in diesem Zusammenhang auch an eine Äußerung meines Großvaters, der zuletzt allein lebte. Einmal sahen wir uns gemeinsam einen Film über den Zweiten Weltkrieg an.

Das Wichtigste, was er mir damals eindringlich ans Herz legte, waren folgende Worte:

„Ihr müsst sehen, dass so etwas nie wieder passiert!“

Ich habe immer wieder an seine Worte denken müssen und sie klingen in mir noch heute als Mahnung und Verpflichtung nach.

Sicher waren all die Gründe zusammengenommen ausschlaggebend für meinen Entschluss, in die SPD einzutreten.

Ich konnte die Grundsätze der SPD mit den Wurzeln der Christlichen Pfadfinderschaft in Einklang bringen.

Danach steht die Wandervogel-Bewegung, die zu ihrer Zeit einen großen Einfluss auf die deutsche Pfadfinderbewegung nahm, für den Wert der Freiheit.

Robert **Baden-Powell**, der Gründervater der Pfadfinder, steht für mich für den Wert der Gerechtigkeit, denn er wollte, dass sich die Pfadfinder ehrlich und ritterlich wie St. Georg verhalten sollten. Von ihm kommt übrigens auch die Aussage, dass ein Pfadfinder seine Welt etwas besser verlassen sollte, als er sie vorgefunden hat.

Weiterhin hatte auch der CVJM (Christlicher Verein Junger Menschen) Einfluss auf die Christliche Pfadfinderbewegung. Der CVJM hat als Leitspruch ein Zitat aus dem Johannesevangelium, nach dem „alle eins sein sollen“ (Joh. 17,21). Für mich ist das gleichbedeutend mit Solidarität, mit dem Füreinander einstehen.

Zugegeben sind mir diese Überlegungen erst später gekommen, nachdem ich begonnen hatte, mich mit den Grundsätzen der Sozialdemokratie zu beschäftigen. Vielleicht war meine Ausrichtung dorthin damals eine eher intuitive, aber heute gründet sie für mich auf den festen Werten, die ich in der Partei verankert sehe.

Die SPD ist für mich die Traditionspartei, mit der ich ein Gefühl von „Zuhause“ verbinde. Auch wenn das in der Gesamtpartei wohl mehr und mehr in den letzten Jahren verloren gegangen ist, für mich hängt das Gefühl sehr stark von Personen und Persönlichkeiten ab. Im Ortsverein und in der Fraktion hier vor Ort habe ich solche Menschen gefunden, mit denen ich gemeinsame Ziele formulieren und verfolgen kann. Und mit denen ich auch genauso gut lachen und feiern kann. Auch das gehört für mich zu einem guten Parteileben dazu. Ich glaube, dass gerade in der heutigen Zeit viele Menschen, insbesondere auch viele Parteimitglieder, sich nach mehr Gemeinschaft sehnen.

Doch wir laufen Gefahr, vor dem Fernseher und dem Computer das Gemeinsame zu verlieren, ein wirkliches Zuhause kann kein virtuelles sein, sondern muss von realen Menschen an realen Orten gelebt werden. Nur so kann ein echtes „Wir-Gefühl" entstehen.

Freiheit, Gerechtigkeit und Solidarität – wenn Menschen diese Grundwerte halten könnten, wäre im Grunde die Aufforderung meines Großvaters überflüssig gewesen. Er aber hatte schon erleben müssen, dass das ein kaum erfüllbarer Wunsch ist. Trotzdem möchte ich auf der kommunalen Ebene weiterhin Verantwortung übernehmen und mich für sozialdemokratische Grundwerte einsetzen.

Und zuletzt möchte ich anfügen, dass Politik meiner Ansicht nach und entgegen vielfach geäußerter Meinungen nicht immer nur sachlich bleiben kann. Gefühle gehören einfach dazu, wenn man sich für eine Sache einsetzt. Wir diskutieren mit hochroten Köpfen, wenn wir uns nicht einig sind und jede und jeder versucht, die anderen von seiner Meinung zu überzeugen.

Wir sind enttäuscht, wenn wir unsere Ziele nicht erreichen, weil die Mehrheitsverhältnisse gegen uns sind. Wir freuen uns sehr, wenn wir Erfolg haben. Was soll daran Schlimmes sein? Wir sind Menschen. Und darum geht Kommunalpolitik nur mit Emotionen. Und mir macht Kommunalpolitik auch noch Spaß. Jedenfalls die meiste Zeit!

*Maik **Dannemann**, Mitglied des Rates der Stadt Bassum seit 1996, Mitglied des Finanz- und Wirtschaftsausschusses. Initiator des Arbeitskreises „Freunde des Malt-Whiskys“ (weiteres Mitglied: Christoph Lanzendörfer). Und natürlich viele andere Interessen…*

UUps

Bärbel Ehrich

Uups - ein leeres Blatt Papier und die Frage: ***Warum bin ich Sozialdemokratin?*** Ja, warum eigentlich? Diese Frage ist bei mir mit ganz viel Bauchgefühl und vielen kleinen und großen Erfahrungen innerhalb der Bassumer SPD zu beantworten.

Also, ich bin Sozialdemokratin

- weil wir jedes Jahr die schönste Insel des Nordens[33] besuchen und das Wochenende mit Kakao und Würstchen einläuten
- weil wir auch an morgen denken
- weil wir zwar an morgen denken, aber dennoch unsere Traditionen pflegen
- weil wir unsere Fahne nicht nach dem Wind drehen

[33] Spiekeroog (Anm. der Herausgeberin.)

- weil das Schließen einer Sitzung nicht das Ende des Abends bedeutet
- weil niemand alleine gelassen wird, wenn er angegriffen wird
- weil wir uns nicht verbiegen lassen
- weil der Mensch im Mittelpunkt steht
- weil wir uns nicht auf unseren Erfolgen ausruhen
- weil wir keine Klientel bedienen
- weil nicht derjenige Recht bekommt, der am lautesten schreit
- weil wir unbequem sind
- weil die SPD Dorits „Heimat ist“
- weil „Frauen zwei Sachen gleichzeitig können“
- weil ich den Humor der Bassumer Roten schätze
- weil wir über Sachverhalte streiten, nicht über Personen
- weil wir zu unseren Entscheidungen stehen

- weil unsere „Vorgänger“ immer wieder in Geschichten aufleben
- weil jeder Loriot-textsicher ist
- weil jeder seine Stärken einbringen kann
- weil ich trotz „mit ohne“ Parteibuch mittendrin war[34]
- weil wir einfach ein klasse Haufen sind
- weil wir Sachverhalte hinterfragen
- weil wir keine Abnicker sind
- weil auch die „guten Schwarzen“ bei uns willkommen sind[35]
- weil wir unser Lexikon[36] immer dabei haben
- weil wir (meistens) an einem Strang ziehen
- weil wir innerhalb weniger Minuten zwar nicht das Rad, aber EsPeDepoly[37] neu erfinden
- weil es bei Dorit die beste Weihnachtssuppe zum Truthahn mit Whisky[38] gibt.

---

[34] Parteieintritt erst nach fünf Jahren Ratszugehörigkeit

[35] s.S. 225

[36] Gemeint ist unser Fraktionsvorsitzender.

[37] Monopoly in neuer Form: Es gewinnt der, der am meisten für die Allgemeinheit tut.

[38] Weihnachtsmenü der Fraktion bei unserer Vorsitzenden

Die Reihenfolge sagt nichts über die Wertigkeit aus.

...Fortsetzung ist jederzeit möglich!!!!!

***Bärbel Ehrich**: Mitglied des Rates der Stadt Bassum seit 2001, SPD-Mitglied seit 2006, Schriftführerin der Fraktion, Beigeordnete (Mitglied im Verwaltungsausschuss), Mitglied im Ausschuss für Soziales, Sport und Kultur*

Geschichte und Folgen

Carsten Fiebig

Deshalb bin ich der SPD beigetreten ....!

Bereits früh war die SPD von ihren Grundwerten eintretend für die demokratisch solidarische Gemeinschaft meinem Ideal vom Optimalzustand der Gesellschaft sehr nah. Auch wenn sich kleine Fehler bei dem Weg dorthin einschlichen, so ist doch das Ziel, das wir vor Augen haben das wichtigste. Und hier war und ist die SPD nach meinem Verständnis die wichtige demokratische Institution und streitbarste Partei in Vergangenheit, Gegenwart und Zukunft.

Ein weiterer Grund, warum ich mich für die SPD entschieden habe, liegt etwas weiter zurück: 1933 war die SPD die einzige Partei, die dem Ermächtigungsgesetz der Nazis die Zustimmung verweigerte. Der Widerstand dieser Generation von Sozialdemokratinnen und Sozialdemokraten kostete vielen von ihnen das Leben.

Auf Grund dieses Wissens, mit Willy **Brandt** und Helmut **Schmidt** groß geworden und durch sie geprägt, zeigte sich in der Ära Kohl, dass nur die Bedienung elitärer Massen nicht Ansinnen einer gerechten Politik sein konnte. Es dürfen nicht nur diejenigen studieren können, deren Eltern genug Geld haben, um ihnen die Ausbildung zu finanzieren.

Nachdem die Wiedervereinigung beider deutscher Staaten gelungen war, setzte ich 1992 endlich meinem Sympathisantentum zur SPD ein Ende und trat in die Partei ein.
Grund und Auslöser hierfür war wieder einmal ein Akt neofaschistischer Barbarei!
Im August 1992 griffen Neonazis mit Steinen, Baseballschlägern und Molotow-Cocktails ein von Vietnamesen bewohntes Ausländerheim in

Rostock Lichtenhagen an. Mein Eintritt in die SPD war ein Zeichen, etwas gegen diese ewig Gestrigen zu tun! Mit demokratischen Mitteln müssen diese Auswüchse bekämpft werden. Am besten geht das aber mit Bildung, auch für diejenigen, die am Rande unserer Gesellschaft leben.

Seitdem habe ich viele interessante Diskussionen innerhalb der Partei erlebt. Leider wurde diese in den Medien als ein Zeichen von Zerrissenheit missdeutet. Natürlich reiben sich bei Diskussionen die Meinungen Einzelner gegeneinander. Aber nur so kommt eine gute Lösung zustande.
Es gibt natürlich - wie im richtigen Leben - auch einige Entscheidungen, die mir zumindest Bauchgrummeln bereiteten und bereiten. Aber hier kann ich mitdiskutieren und versuchen. die Anderen von meinem Standpunkt zu überzeugen.

Kurz und knapp: Ich bin in der SPD, weil:

1. sie eine Partei ist, mit deren Grundwerten ich mich identifiziere,
2. sie ein Mitmachen zulässt, soweit ich will,
3. sie andere Meinungen akzeptiert,
4. sie sich für die Schulbildung aller sozialen Schichten einsetzt,
5. sie sich für ein menschenwürdiges Leben aller einsetzt,
6. sie mehr Akzente in puncto ökologischer Ökonomie setzt,
7. sie sich ihrer historischen Verantwortung stellt und aus der Geschichte lernt.

Carsten ***Fiebig****: Mitglied im Rat der Stadt Bassum seit 1996, Mitglied in folgenden Ausschüssen: Bauen, Planen, Umwelt und Landwirtschaft; Finanzen; Öffentliche Sicherheit und Ordnung; Ortsvorsteher in Bassum-Osterbinde; Finanzverantwortlicher im SPD-Ortsverein Bassum und Dorit Schlemermeyers Vorgänger als Ortsvereinsvorsitzender*

„Entschuldigt bitte, dass ich meine Schürze noch anhabe“

Über elterliches Beispiel als Quelle der Sozialdemokratisierung

Dr. Christoph Lanzendörfer

Wenn meine Mutter sich mit uns drei Kindern und unserem Vater zum Essen setzte, entschuldigte sie sich häufig, wenn sie ihre Schürze noch trug, weil sie nach dem Essen noch etwas zu erledigen hatte. Beim Abwaschen (das Abtrocknen war strikt Aufgabe der Kinder, solange zumindest wir zur Schule gingen) erklärte sie dann auch, weshalb sie sich entschuldigte: Das sei man sich schuldig, wenn man sich zusammen setze, müsse man den anderen auch durch sein eigenes Auftreten respektieren oder sich entschuldigen.

Das war in den 70er Jahren, zu einer Zeit also, als die aufbegehrende Jugend in Batik-T-Shirts,

Jeans und Jesus-Latschen ins Konzert zu Anzugträgern und abendrobenausfüllenden Damen der Gesellschaft ging.

Gerade deswegen machte es Eindruck auf uns drei Söhne: Respekt anderen gegenüber gerade auch in vermeintlichen Nebensachen.

Mein Vater, der aus finanziellen Gründen sein ersehntes Chemiestudium abbrechen und etwas studieren musste, wo nicht jedes Reagenzglas bezahlt werden musste, hatte seine Jugend einem Wahn opfern müssen: Direkt nach der Schule musste er zum Arbeitsdienst, dann ohne Unterbrechung zu Kriegsbeginn zur Wehrmacht. Zu Weihnachten 1944 wurde er so schwer verletzt, dass er für tot erklärt wurde und seine Eltern bereits eine Gefallen-auf-dem-Feld-der-Ehre-für-Führer-Volk-und-Vaterland-Nachricht übermittelt bekommen hatten. Er war aber glücklicherweise nur schwerstens verletzt und wachte erst nach dem Kriegsende aus einem Koma auf.

Diesen Verlust seiner Jugend, der schönsten Zeit des Lebens, machte er wett durch einen nie gestillten Hunger auf Wissen. Auch in der ersten Zeit als Facharzt in einer Universitätsklinik, in der er monatlich 80 DM verdiente und meine Mutter durch Putzarbeiten bei einem Kartoffelhändler das Leben erst sicherstellte („Mädchen, warum hast du auch so einen Hungerleider wie einen Arzt geheiratet? Hier, guck mal, die Möbel, echtes *Schippendahle*!" – Wobei die eigentlich als *Chippendale* bekannte Stilrichtung nicht mehr dem Geschmack des Wiederaufbaus entsprach), wurde immer ein Betrag von 1,90 DM für das monatlich neu erscheinende rororo - Taschenbuch der Erstauflage abgezweigt. Das *Thaumazein*, das griechische Wort für neugierig sein, mehr wissen wollen, hinterfragen, also der Urgrund aller Philosophie, wurde uns vorgelebt.

Wir hatten eine glückliche Kindheit. Und eine uns weiterführende.

Dieses Gemisch aus vorgelebtem Respekt für andere und vorgelebtem Wissensdrang führte zu einer inneren Protesthaltung allem Unrecht gegenüber, zu einer Solidarisierung mit Schwachen und Unterdrückten. Sie führte zwangsläufig zu einer Haltung, in der Freiheit, Gerechtigkeit und Solidarität Werthaltungen waren und sind.

Hinzu kamen dann die Ideen der anderen: Hermann **Hesse** und Erich **Nossack** mit ihren Darstellungen der inneren Zerrissenheit, aber auch des Wegs, sie zu ändern; Sigmund **Freud** und Alfred **Adler** mit der Diskussion um topographische Zuordnung unterschiedlicher seelischer Instanzen kontra der Auffassung einer unteilbaren, also Individualpsychologie; es kamen Jürgen **Habermas**, Herbert **Marcuse**, Erich **Fromm**, später John **Rawls** und Michael **Walzer** hinzu. Und natürlich: viel Musik: Rock, Liedermacher, Chansons.

Wissen und Grundhaltung führten zu Engagement, außerparteilich wie meine Brüder, innerhalb der SPD wie bei mir. Der Wissensdurst hat bis heute nicht gelitten: erstaunlich, auch mein älterer Bruder hat die Jahrgänge seiner „Blätter für deutsche und internationale Politik“ aus den frühen 70ern bis 80ern genauso wenig „entsorgen“ können wie ich meine zeitgleich gesammelten Jahrgänge der „Neuen Gesellschaft“.

Der Zeitpunkt, nicht mehr nur noch zu erklären, sondern auch zu verändern, kam bei mir mit Willy **Brandt**. Mit Übernahme seiner Kanzlerschaft 1969 fühlte ich mich, 14-jährig, als Sozialdemokrat. Und im November 1971 gründeten einige Freunde und ich in Bassum die Jusos. Leider wurde das Parteistatut erst im Dezember 1971 geändert, dass auch bereits 16-Jährige der Partei beitreten durften, so dass mein Eintritt um einen Monat zu spät datiert ist.

Die Jusos waren in den Augen fast aller etwas Besonderes: sowohl Elite als auch Monster. Bekannt ist vielen noch die Karikatur von Tomi Unger, auf der eine Frau auf einem Hocker stehend schreiend und mit einem geöffneten Schirm bewaffnet einen kleinen Juso vor sich abwehrt.

Wir waren viele. Und wir lebten etwas, was heute fehlt: ein Milieu! Zwar aus ganz unterschiedlichen Kreisen stammend waren wir dennoch in einem sozialen Sinn eine Einheit: wir waren nicht nur politisch aktiv, wir waren einander nah, halfen uns beim Umzug, sahen uns in denselben Kneipen, lasen diskussionswürdig verbindende Bücher, organisierten für uns und andere Radtouren, Ausflüge in den Harz, zu Genossen nach Österreich, fühlten uns verbunden mit den roten Winzern der Pfalz und hatten Einfluss in den Schülervertretungen und Gewerkschaften.

Die Grundsatzdiskussionen um Stamokap, Antirevisionismus oder pragmatisches Linkssein führten wir ebenfalls energisch. Bei uns in einem Rahmen, der eher VHS-ähnlichen Charakter hatte: jeder trug mal die Thesen zu den drei Bereichen vor, dann lasst uns mal sehen, was wir daraus machen. Allerdings fanden wir erheblich wichtiger die Diskussion des Kommunalpolitischen Grundsatzprogramms der Jusos, veröffentlicht als Fischer-Taschenbuch „Kommunalpolitik für wen?“ Das war unsere Quelle.

Wir freuten uns, wenn unsere Enten auf der Autobahn von fröhlich winkenden Schweden, Österreichern, Engländern, Italienern oder Holländern überholt wurden: Schließlich waren unsere Aufkleber bunt und deutlich, sie verkündeten nicht nur „Mein Herz schlägt links - SPD“, sondern auch „Framtid for Sverige“, „Young Labour“, „Junge Generation in der SPÖ“ oder „Vota PSI“.

Wir waren stolz, Mitglieder der ältesten Partei Deutschlands zu sein. Unsere Angehörigkeit zu dieser Partei war für uns eine Auszeichnung: Wir durften dabei sein. Und dass wir überall in Europa Mitglied einer großen Familie waren, erfüllte uns mit Freude.

Die Mitgliedschaft zur SPD ist kein Zweck, eigene Interessen durchzusetzen. Sie ist Ausdruck des Wunsches nach einer freien, gerechten und solidarischen Welt. Deswegen sind vorübergehende Beschlüsse auch kein Grund, die Partei zu verlassen. Die Grundwerte stehen über den Momentan-Beschlüssen. Dennoch müssen wir uns auch fragen, ob etwas, für das wir brennen, durch Sachargumente ins Gegenteil gezogen werden kann. Ist eine Politik der niedrigen Unterstützung für Arbeitsuchende deswegen richtig, weil sie Wirtschaftsprofessoren als TINA darstellen: *there is no alternative*? Müssen wir uns dem beugen oder sind wir verpflichtet, doch nach Alternativen zu suchen?

Die Stadtratsfraktion der SPD in Bassum hat sich ein eigenes kommunalpolitisches Grundsatzprogramm gegeben, das regelmäßig neu überarbeitet wird. Wir stellen uns gegenseitig das „Buch des Monats“ vor, wir tauschen Zeitschriftenartikel aus. Das alles tun wir, um mit einem eigenen Bildungsprogramm nicht starr und stille zu stehen, sondern aktuelle Probleme und Aufgabenstellungen mit unseren Überzeugungen, die sich an den Werten Freiheit, Gerechtigkeit und Solidarität orientieren, zu lösen. Die SPD ist für uns eine Heimat über die politische Schiene hinaus: Sie ist eine Wertorientierung.

Politik ist Symbolhandeln. Deswegen sind es auch die kleinen Dinge, mit denen wir uns darstellen. Nicht nur der Dienstwagen, auch das Auftreten, die Bereitschaft, etwas zu tun oder zu lassen, Hinweise auf etwas. Die SPD in Bassum lässt z.B. alle Schreibblocks, die sie zu Werbezwecken verschenkt, nicht am Kopf, sondern am linken Rand leimen: wir sind Linke!

Ich bin stolz und dankbar dafür, hier an einer Stelle mitarbeiten zu können, die mich fordert, über die ich aber auch, hoffentlich, etwas zurückgeben kann. Von meiner Vertreterin, Luzia, bekam ich eine Vase geschenkt: spitz nach unten zulaufend kann sie nur in einem Gestell sicher stehen, über das sie mit dem Kopf etwas herausragt. Ich mag als Fraktionsvorsitzender in der Außenwirkung etwas über den anderen stehen, ich wäre aber ohne sie nutzlos.

Hier finden sich dann wieder die Schürze und das Thaumazein, meine Quellen für eine Politik für Freiheit, Gerechtigkeit und Solidarität: nämlich Respekt und Neugier.

Dr. Christoph ***Lanzendörfer,*** *SPD-Mitglied seit 1971, Mitglied im Rat der Stadt Bassum seit 1976, Fraktionsvorsitzender seit 1991, Beigeordneter (Mitglied im Verwaltungsausschuss), Mitglied im Ausschuss für Finanzen; Mitglied im Ortsvereinsvorstand; stellvertretender Vorsitzender der Sozialdemokratischen Gemeinschaft für Kommunalpolitik (SGK) im Unterbezirk Diepholz. Außerdem viele weitere Interessen und Aufgaben, z.B. Mitglied des Arbeitskreises „Freunde des Maltwhiskys" (zusammen mit Maik Dannemann).*

Der Anfang

Nikolas Lanzendörfer

Aufgewachsen in einem Haushalt, der sozialdemokratisch geprägt war und auch noch ist, haben meine Eltern mir stets beigebracht gerecht, tolerant und sozial anderen gegenüber zu sein.

Unsere Familie sympathisiert mit der SPD mehr als mit andern Parteien, jedoch war bis zum September 2009 nur mein Vater in der Partei. Meine Oma z.B. erregte Aufsehen, als sie bei der Bundestagswahl 1990 mit einem OK-Aufkleber (für OsKar Lafontaine) an ihrem Auto durch unsere Kleinstadt fuhr, den ich auch noch später sah.

Dennoch beschloss ich erst vor der Bundestagswahl auch ein Mitglied der SPD zu werden.

Warum SPD und keine andere Partei, stellt sich hierbei die Frage.

Für mich lässt sich die Frage einfach beantworten:

Eine Partei,

- § die sich aus der Geschichte heraus immer für die arbeitende Bevölkerung eingesetzt hat,
- § die sich stets für Schwächere einsetzt,
- § die Bildung fördert,
- § die Freiheit will,
- § die sich für die Umwelt einsetzt,
- § die sich auch für Belange andere Länder einsetzt (Dritte-Welt-Länder),

ist meine Partei.

Dies sind Gründe, wie ich diese Frage beantworten konnte, denn sie passen mit meinem eigenen Denken völlig überein.

Aber wieso trat ich erst im September 2009 der Partei bei?

Ich habe mich schon lange über die Kommunalpolitik in Bassum informiert. Als Beispiel hierfür ist das Bassumer Krankenhaus und die Alexianer[39]. Ein ausgiebiges Referat in der Schule hat fast einen Streit mit meinem damaligen Lehrer hervorgerufen, da wir beide andere Meinungen hatten und keiner zurückweichen wollte. Denn mein Lehrer war Landkreistagsabgeordneter und ein Befürworter der Alexianer, ich wiederum Bassumer Bürger. Ich spielte damals schon mit den Gedanken der SPD beizutreten, jedoch habe ich es damals noch nicht getan.

Neben der Kommunalpolitik, mit der ich mich auch weiterhin beschäftige, rückte immer mehr die Bundespolitik in mein Augenmerk. Umso mehr ich über die Politik erfuhr, desto stärker wurde meine Entscheidung der SPD beizutreten. Noch vor der Bundestagswahl wurde ich dann Parteimitglied und ich habe es noch keinen Augenblick bereut. Wenn ich mit meinen Freunden über Politik rede, bestärkt das jedes Mal nur meinen Entschluss. Als Beispiel hierfür wäre ein

---

[39] Es ging um die Privatisierung des ehemaligen städtischen und dann Kreiskrankenhauses Bassum an die Alexianer, von denen bekannt ist, dass sie Dumping-Löhne zahlen

Gespräch mit meinem besten Freund über die „Kopfpauschale". Er legte eine regelrechte FDP-Denkweise an den Tag, die ich überhaupt nicht nachvollziehen konnte.

Zwar konnte ich mich noch nicht richtig in die SPD etablieren, doch ich hoffe, dass ich mit meinen erst 22 Jahren noch einiges mit der SPD erreichen kann und freue mich auf die Zukunft.

***Nikolas Lanzendörfer**, ist kurz vor der Bundestagswahl eingetreten. Seine Generation ist die Zukunft der SPD.*

Warum ich Mitglied in der SPD bin

Katharina Mehlau

1. Tradition und Erbe

Natürlich stammt die Prägung aus dem Elternhaus. Schon der Großvater war Mitglied „unserer“ Partei. Sie wurde gewählt. Ihre Ziele – Frieden und Gerechtigkeit, sowohl sozial als auch Aufstieg durch Bildung – waren, was meine Eltern bejahten, unterstützten und mit dem sie sich in Teilen identifizierten.

2. Und doch: Warum zunächst nicht

In der Zeit, in der ich ein politisches Bewusstsein entwickelte, war einerseits grundsätzlich die Hinwendung zu einer etablierten Partei nicht angesagt, auch entsprach dies nicht meinem persönlichen Umfeld. Das Milieu war linksalternativ, dominiert von K-Gruppen. Spontane Aktionen wurden gegen die „Etablierten“ durchgeführt. Hier standen wir mit roten Fahnen davor und stellten Forderungen nach dem, was wir unter

„Mehr Demokratie wagen" verstanden. Sozialdemokratische Bürgermeister ließen uns dafür mit Wasserwerfern ihrer Polizei nass machen. Was die SPD anbetraf, so blieben zwar die außenpolitischen Fragen in der sozialliberalen Koalition, in der Öffnung nach Osten und dem Anschieben des Diskurses über das Verhältnis Erster zu Dritter Welt anziehend, bei näherem Hinsehen musste man jedoch merken, dass die praktische Umsetzung der angeschobenen Diskussionen meist ausblieb. Im Alltag präsentierte sich die Partei als eine Männergesellschaft mit einem Hang zur Vereinsmeierei. So wie in der Frage der Teilhabe von Frauen der Quotendebatte das tatsächliche Zurückdrängen von Frauen in der Partei gegenüberstand, so rieben sich auch anderswo die akademisch abgehobenen Diskussionen und großen Parolen an der Partei der Paschas und Platzhirsche, die mit erstaunlicher Wurstigkeit sich ihre Macht sicherten, immer wieder durch Korruption und Vetternwirtschaft Skandale produzierten und die unverdrossen einer Lebensweise frönten, die auf Karriere, Konsum und Konkurrenz basierte. Sie orientierten sich wohl an den Interessen der organisierten Arbeitnehmer, verschlossen sich aber weitgehend einer Öffnung für Zukunftsfragen. Ein Engagement in dieser Partei schied daher irgendwie aus.

3. Und warum dann immer noch nicht

Nachdem sich das links-alternative Milieu aufgelöst hatte bzw. in weiten Teilen in den Grünen aufgegangen war, war die Partei für mich immer noch nicht attraktiv genug. Da war zunächst die persönliche Situation, Ich befand mich in der Orientierungsphase, sowohl privat als auch beruflich. Wohn- und Arbeitsorte waren nicht von Dauer, ein auf Dauer angelegtes Engagement in einer politischen Partei passte da nicht hinein.

Und da war die SPD: völlig orientierungslos. Nicht nur ihr politisches Tun und ursprüngliches Ideal fielen auseinander, es stellte sich sogar die

Sinnfrage der Zielperspektive des politischen Tuns. Was war geblieben von „Mehr Demokratie wagen", wo war die versprochene „Machbarkeit" der Zukunft? Da wurde auf der einen Seite über die Ausgestaltung einer antikapitalistischen Wirtschaftspolitik als unverzichtbare Voraussetzung einer menschlichen, sozialen und demokratischen Wirtschaftsordnung diskutiert, auf der anderen Seite gab es Berufsverbote, den NATO-Doppelbeschluss und es wurden AKWs gebaut. Man feierte die Mitbestimmung und propagierte die Arbeitsplatzsicherung durch Lohnverzicht. Die großen Entwürfe verhinderten nicht, dass die Partei und ihre Protagonisten im Hier und Jetzt als Getriebene der Krise des Kapitalismus erschienen.

4. Und dann doch

Eingetreten bin ich dann erst, nachdem ich schon einige Jahre in Bassum wohnte.

Zu der Zeit, in der unter neoliberalen Regierungen alles der Verwertungslogik des Kapitals unterworfen und den Menschen nichts als Anpassung zugestanden wurde. Über die Jahre war scheinbar unaufhaltsam nach der so genannten geistig-moralischen Wende erst die bundesrepublikanische Gesellschaft, dann nach dem Anschluss in den so genannten Neuen Ländern ein ganzes Land so umgestaltet worden, dass nicht mehr die Verhältnisse nach den Bedürfnissen der Menschen verbessert werden sollten, sondern die Bedürfnisse der Menschen sollten sich nach den Vorgaben des globalisierten Kapitalismus ändern. Zu diesem Zeitpunkt erschien es mir notwendig mich zu engagieren. Dass die Entscheidung, dies nun bei der SPD zu tun, dann eine wohl überlegte war, ist rückblickend übertrieben, sie erscheint jedoch alternativlos. Sie hatte sicher etwas damit zu tun, dass es am Ort (Bassum) keine wirkliche Alternative gab.

Rot und Grün, die vielleicht die größeren Entwürfe für eine Zukunftsgestaltung aufboten, konnten hier nicht mit auf die Praxis herunter gebrochenen Konzepten überzeugen.

In Bassum fehlten und fehlen ihnen bis heute auch die Verankerung in der Bevölkerung. Grün war und ist hier die Partei der sich selbst für Altachtundsechziger haltenden besserwisserischer Lehrer und Rot sind in den Augen der Alteingesessenen die Kommunisten und das ist die Stasi. Ähnlich beschränkt war und ist hier auch die Möglichkeit, sich in anderer Form außerhalb von Parteien zu engagieren. Da bleiben und blieben nur Agenda-Gruppen mit ihrer punktuellen Angehensweise, die gerade deshalb in ihren Aktivitäten recht willkürlich erscheinen. Eine Mitarbeit auch zur Lösung gesamtgesellschaftlicher Probleme schied und scheidet da von vornherein aus.

Im Gegensatz dazu bot die SPD damals durch die von Johannes Rau vertretene Utopie von der Politik, die dem Menschen dienen müsste, die dazu da sein sollte, dass das Leben der Menschen ein Stück menschlicher würde, eine wirkliche Alternative. Dies galt auch für die Arbeit vor Ort. Hier schien die Partei auf einem guten Weg zu sein. Man engagierte sich für Asylbewerber, für die Aufnahme von Flüchtlingen, kämpfte um Frauenbeauftragte, die Verbesserung der Schulstruktur, den Ausbau von Kindergärten und vieles mehr. Da gab es Baustellen – aber ob Mütter-Kinder-Zentrum oder Stadtbücherei: Sie wurden angepackt.

5. Warum ich dann dabei geblieben bin

Einmal eingetreten, in der ASF und im Ortsverein mitgearbeitet, befinde ich mich jetzt in einer Partei, der heute, wie schon vor zwanzig Jahren, das Profil fehlt. Sie ist scheinbar alles: gemäßigt sozial, gemäßigt linksliberal, gemäßigt kosmopolitisch und kann sich nicht entscheiden zwischen kapitalistisch und antikapitalistisch. In den letzten Partei- und Wahlprogrammen wurde offensichtlich versucht, so viel wie möglich unter einen Hut zu bringen. Auch, was Regierungen und

Regierungsbeteiligungen anbetrifft, schreibt man sich alles, was nur irgendwie positiv gesehen werden könnte, auf die eigenen Fahnen. Poltisches Tun und ursprüngliches Ideal fallen weiterhin auseinander. Einer Partei anzugehören, die dafür gewählt werden will, dass sie Finanzinstitute stabilisiert hat und damit Finanzdienstleister, Unternehmen und Anleger vor dem Absturz in den wirtschaftlichen Abgrund gerettet hat, und auf der anderen Seite das gesetzliche Renteneintrittsalter zu einem Zeitpunkt, in dem auch nicht absehbar ist, dass diese in Zukunft vorhanden sind und auch nicht absehbar ist, dass diese in Zukunft vorhanden sein werden, erhöht hat, ist schwierig und letztendlich auch nur möglich, wenn man an der auf Karl Marx zurück gehenden Vorstellung festhält, dass es darauf ankommt, diejenigen, die bis zum letzten Lebensnerv kapitalistisch durchdrungen sind, so zu motivieren, dass sie die sie umgebenden unwürdigen Lebensverhältnisse durchschauen und verändern können. Wobei man heute sagen muss, dass dieses für alle gilt, seien sie nun innerhalb oder außerhalb der Partei. Das Engagement in einer Partei scheint auch deshalb immer noch unverzichtbar, weil die viel beschworene Bürgergesellschaft, die ohne das dirigistische Eingreifen staatlicher Instanzen aus sich heraus die anstehenden Probleme der Gesellschaft löst, in Wirklichkeit nicht existiert. So genanntem bürgerlichem Engagement liegen in der Regel hedonistische Motive zugrunde, was dazu führt, dass dort angepackt wird, wo es denjenigen, die sich einbringen, möglichst viel bringt. Ein sozial gerechter Umgang mit tatsächlich anstehenden Problemen ist so nicht zu erreichen.

***Katharina Mehlau**, stellvertretende Ortsvereinsvorsitzende, ASF-Vorsitzende OV Bassum*

Warum ich in der SPD bin?

…weil sie die besseren Lieder hat

Luzia Moldenhauer

Sie kennt all die Lieder der Arbeiter- und Freiheitsbewegungen aus den verschiedenen Zeiträumen, die vielen Wander- und Trinklieder, die von Unabhängigkeit, von Freiheit und von der Suche nach dem Glück erzählen. Mit Melodien, die zwischen eingängig und leicht zu lernen bis „ziemlich schwierig“ liegen.

Angefangen hat bei mir alles mit der „Sozialistischen Jugend Deutschlands - Die Falken“. Als Jugendliche wurde ich in unserer Gruppe mit der Geschichte der Arbeiterbewegung bekannt gemacht und dort sangen wir die ersten Arbeiterlieder, lasen Geschichten dazu und ich hörte zum ersten Mal die Namen **Sacco** und **Vanzetti**, Angela **Davis** und viele andere.

Wir „turnten“ in der Geschichte herum: Von den Streiks und Demonstrationen der Arbeiterbewegung im 19 Jahrhundert zu den Ungeheuerlichkeiten des Ersten Weltkriegs. Die Namen Clara **Zetkin**, Karl **Liebknecht** und Rosa **Luxemburg** wurden zu Personen, deren Geschichte wir kennen lernten. Die grauenhafte, politisch motivierte Brutalität, mit der gegen Rosa Luxemburg vorgegangen worden war, hat mich damals schon entsetzt. Ich war nicht naiv und wusste aus dem Geschichtsunterricht, welche Grausamkeiten im Laufe der Geschichte passiert waren, aber der Mord an ihr erschien mir besonders feige. Ich fragte mich aber auch, welch große Macht diese zierliche Frau besessen haben musste, wenn sie so brutal aus dem Weg geräumt werden musste, weil ihre Gegner keine andere Möglichkeit sahen, sich ihres Einflusses zu entledigen.

Natürlich habe ich damals nicht alle Zusammenhänge verstanden (es wäre arrogant zu behaupten, dass das heute der Fall wäre), aber das war für uns auch nicht so wichtig. Die Musik, die wir hörten, die Kampf- und Freiheitslieder, die wir sangen, wurde von uns kaum analysiert. Uns war klar, dass die Texte von Kämpfen und vom Sterben handelten, von der (besungenen) Notwendigkeit des Tötens im Kampf aus vielleicht ehrenwerten Motiven, aber für mich war immer die Sehnsucht der Entrechteten und Unterdrückten nach Gerechtigkeit und Freiheit die wichtigste Aussage in den Liedern, das waren die Zeilen und Momente, die mich berührten.

Während der Jahre bei den Falken sangen wir also „Bella Ciao" mit Inbrunst, ohne wirklich zu verstehen, was Partisanenkämpfe bedeutet hatten, aber wir fühlten uns mit den Freiheitskämpfern der Vergangenheit auf diese Weise verbunden.

Ich wuchs in einer recht freien Umgebung auf. Meine zwei älteren Brüder, meine jüngere Schwester und ich konnten so ziemlich viel von dem tun, wonach uns der Sinn stand. Unsere

Eltern ließen uns viel Freiraum. Meine Mutter war damals schon viel für die SPD unterwegs. „Wo ist Mama?“, fragten wir oft, wenn sie abends wegen politischer Termine nicht zuhause war. Die lapidare Antwort unseres Vaters, der sich nur schwer für das politische Engagement seiner Frau begeistern konnte, lautete stets ironisch kurz: „Deutschland retten!“

Meine Mutter war im Zuge des „Willy wählen“-Wahlkampfs 1972 in die SPD eingetreten und hatte schon bald Posten und Funktionen übernommen, auch Ratsmitglied war sie einige Jahre. Natürlich hat sie mich beeinflusst, warum das leugnen? Heute bin ich sehr stolz auf die „weibliche“ Tradition unserer Familie, denn nicht nur meine Mutter war SPD-Mitglied, auch ihre Mutter und ihre Schwester waren in der Partei und meine Tochter hat diese „Traditionslinie“ inzwischen fortgesetzt.

Meine Mutter und ich haben ein sehr enges Verhältnis zueinander. Sie sorgte auch dafür, dass ich aufgrund meiner guten Leistungen nach der Grundschule zum Gymnasium wechseln konnte. 1968 war das für unsere Familie noch keine Kleinigkeit, denn Lernmittelfreiheit gab es nicht und die Fahrt zum Schulort musste zunächst auch selbst bezahlt werden. Das verbesserte sich alles erst im Laufe der folgenden Jahre unter dem Einfluss sozialdemokratischer Regierungsbeteiligung im Bund und in den Ländern.

.

Meine Mutter (Jg. 1932) setzte für mich mit dem Besuch des Gymnasiums etwas durch, was ihr selbst wegen des Zweiten Weltkriegs und seiner Folgen verwehrt geblieben war.

Ich ging außerordentlich gern zur Schule, auch wenn auf dem Gymnasium meine Leistungen (außer in Sport und Musik) meistens im mittelmäßigen Bereich blieben. Dort erlebte ich die

neue Diskussionsverliebtheit jener Zeit, die sich auch in unserer Schule ausbreitete. Wir diskutierten in fast jedem Fach über die zu schreibenden Klassenarbeiten, über die Notengebung und die Arbeitsatmosphäre. Von da an trat ein, was immer eintritt: Wer den Mund aufmacht, muss auch Verantwortung übernehmen, also wurde ich irgendwann Klassensprecherin, ich habe vergessen, in welchem Jahr es das erste Mal war. Ich wurde immer wieder mal gewählt und auf unserer Abiturfeier hielt ich die Abschlussrede als Jahrgangsstufensprecherin.
Das zeigt etwas, das mich bisher all die Jahre begleitet hat - und mir immer wieder neue Posten und damit neue Anforderungen eingebracht hat.

1975, zwanzig Tage, nachdem ich 16 Jahre alt geworden war, wurde ich in die SPD aufgenommen.

Das alles war voneinander abhängig und bedingte einander: das recht freie Aufwachsen in gesicherten, wenn auch nicht üppigen, Verhältnissen, die Aktivitäten bei den Falken, die Diskussionskultur an der Schule und im Kreis meiner Freundinnen, der Parteieintritt.

Dass ich dennoch eine Lücke in meiner Parteizugehörigkeit zu verzeichnen habe, ärgert mich heute. So bin ich zwar inzwischen auch schon 28 Jahre in der Partei, aber eben nicht zusammenhängend.
1980 zog ich mit einer Freundin zum Studium nach Berlin, wo ich meinen späteren Mann und Vater meiner Kinder kennen lernte. 1983 heirateten wir und damit meldete ich meinen Erstwohnsitz in Berlin an. 1984 kam Felix zur Welt; ich fühlte mich allein in der Großstadt und manchmal auch überfordert. In jedem Fall hatte ich wenig Gedanken für die Partei. Politik war schon wichtig geblieben, wir beteiligten uns an den

Demonstrationen der Friedensbewegung und verfolgten natürlich die Auseinandersetzungen der Hausbesetzerszene mit der Polizei und dem damaligen Innensenator Heinrich **Lummer**. Aber das Interesse für Parteiarbeit war zugunsten meines Sohnes in der Zeit eher gering ausgeprägt. Trotzdem wollte ich gern meine Mitgliedsbeiträge loswerden, wozu ich mich auf den Weg nach Neukölln ins UB-Büro machte, um zu erfahren, wohin ich das Geld überweisen könnte. Dort erhielt ich die Nachricht, ich solle abwarten, der Kassierer würde bald zu mir kommen. Aber selbst bei einem persönlichen Besuch, bei dem ich ihn nicht antraf, konnte ich mein Geld nicht loswerden. Und auch sonst kam keine Reaktion. Irgendwann bekam ich aber dann einen Brief vom Bezirk, in dem mir unmissverständlich klar gemacht wurde, dass man mich, wenn ich nicht sofort und auf der Stelle meine Beiträge entrichten würde, aus der Partei rauswerfen würde. Ich war einerseits sehr sauer, andererseits kam in mir der „Bock“ hoch: Ich zeigte der Partei innerlich den berühmten Stinkefinger und ließ mich rauswerfen.

1987 zogen wir mit unseren beiden Kindern in den Landkreis Diepholz, 1989 im April nach Bassum.

In Berlin hatte ich mir im Frauencafé der Martha-Gemeinde in Kreuzberg meine ersten Kenntnisse über ein Mütter-Kinder-Treff erworben, die ich dann als Initiatorin eines solchen Treffs an unserem ersten Wohnsitz im Landkreis umsetzte. Nach einiger Zeit der eher passiven Teilnahme war ich also wieder aktiv.

In Bassum nahm ich schnell Kontakt zur SPD auf, um auch hier für die Einrichtung einer Mütter-Kinder-Gruppe um Hilfe anzufragen.

Und nachdem ich im SPD-Unterbezirksbüro von der „guten Seele“ des Büros, Marile **Windhorst** herzlich empfangen wurde, brauchte der damalige Geschäftsführer Werner **Beckmann** keine großen Überredungskünste, um mich zur Rückkehr in die Partei zu bewegen, was für den 8. Mai 1990 dokumentiert ist.

Es hat immer Zeiten gegeben, in denen ich mich fragte, ob ich die Politik der SPD noch mittragen könnte. Das fing an mit der Zustimmung zum NATO-Doppelbeschluss, ging über die Petersberger Beschlüsse zur Asylpolitik und weiter über die Diskussion um den „Dritten Weg der Sozialdemokratie" von **Blair** und **Schröder** bis hin zu den Bundeswehreinsätzen im Ausland.

Warum bin ich dann nie aus der Partei ausgetreten?

Weil immer noch - bis heute - die emotionale Bindung an die Partei, so, wie ich sie zu Beginn über die Musik und die Lieder gefühlt habe, enorm ist. Die Partei ist Heimat für mich. Ich habe schon früh mitbekommen, wie die GenossInnen in meiner Heimatstadt dies so empfanden. Für sie war der Ortsverein ihre Heimat. Hier trafen sie sich zum Quatschen beim Bier, hier wurden Fußballergebnisse besprochen, über die „große" Politik diskutiert und „kleine" Politik gemacht.

Es ist eben wie in einer Familie: Man kann sich die Angehörigen meistens nicht aussuchen, man streitet und verträgt sich wieder. Wenn es nicht zu einem totalen Bruch kommt, ist die emotionale Bindung aneinander immer so stark, dass man sich „für die Familie" – also auch für die Partei – einsetzt und sie nach außen verteidigt. So ärgere ich mich mal über Mitglieder in der Partei, deren Ideen und Ziele ich nicht teile. Aber das diskutiere ich dann lieber innerhalb der Partei aus und setze mich für die Ziele ein, die ich eher vertreten kann. Und dafür finde ich in der Partei auch immer Gleichgesinnte.

Die SPD hat Höhen und Tiefen erlebt und das wird wohl immer so weitergehen. Daran ist auch nichts Schlimmes, ich finde es nur traurig, wenn langjährige Genossinnen und Genossen die Partei verlassen, weil sie unzufrieden sind, und dann der Partei Schaden zufügen. Aber auch das ist wohl ein Weg, den ich tolerieren muss. Ganz wichtig auf meinem Weg waren immer und sind auch heute die Menschen, mit denen ich aktiv Politik vor Ort gestalte. Hier in Bassum haben sich Genossinnen und Genossen gefunden, die um Gemeinsamkeiten ringen. Jedes Jahr werden in einer Wochenend-Klausurtagung – meistens auf Spiekeroog – die Arbeitsziele für das kommende Jahr festgelegt. Dabei kommt die Geselligkeit natürlich nicht zu kurz, was ein ganz wichtiger Faktor in unserer kommunalpolitischen Arbeit ist.

Meine persönliche Beziehung zur SPD hat ihre Wurzeln also im emotionalen Bereich. Die zu Beginn gemachte Bemerkung „Sie hat die besseren Lieder" soll nicht nur auf die Texte und die Melodien verweisen, sondern auf einen anderen Aspekt: die Gemeinsamkeit. Natürlich kann ich die Lieder auch allein singen, aber mehr Spaß bringt es doch in einer großen Gruppe. Und so sind für mich ebenso wie früher das gemeinsame Singen der Lieder heute das Diskutieren miteinander, das gemeinsame sich Fortbilden, das unbedingte Festhalten an den Grundwerte des Godesberger Programms „Freiheit, Gerechtigkeit, Solidarität", aber auch gemeinsam verbrachte Freizeit und private Feiern ganz wichtige Aspekte in der Parteiarbeit. Nur daraus lässt sich für mich die Kraft schöpfen, die ich angesichts heute erheblicher Ressentiments den Parteien gegenüber für die alltägliche politische Arbeit brauche.

Das Engagement für die Demokratie und die Sozialdemokratie ist für mich ein und dasselbe. Davon lasse ich mich auch nicht abbringen. Wenn in der Vergangenheit Sozialdemokraten und Sozialdemokratinnen verfolgt wurden und nicht wenige ermordet wurden oder aus Verzweiflung über die Einschränkungen von Freiheit und Demokratie den Freitod suchten, will ich heute nicht zögern, mich für die Grundwerte der Partei einzusetzen gegen Widerstände, die oft genug auf Unwissenheit und Unlust, den eigenen Kopf anzustrengen, gründen. Davor zu kapitulieren, wäre geradezu lächerlich.

***Luzia Moldenhauer**: Mitglied im Rat der Stadt Bassum seit 1995, stellvertretende Bürgermeisterin seit 2000, Beigeordnete (Mitglied im Verwaltungsausschuss), Mitglied im Schulausschuss.*

Mitglied des Kreistags seit 2003, dort Mitglied in folgenden Ausschüssen: Bildung und Kultur; Jugend, Gesundheit und Soziales; Betriebsausschuss Volkshochschule; Personalbeirat; Psychiatriebeirat.

Mehrere Funktionen auf verschiedenen Ebenen der SPD in Niedersachsen.

Eine Familiengeschichte

Interview mit *Paula Moldenhauer*

Also, Paula, wie hat sich Dein politisches Interesse entwickelt?

Am Anfang war da erstmal nichts. Ich habe mich als Kind natürlich nicht besonders mit Politik befasst, war aber in der Schule immer sehr gut in diesem Fach.

Und was meinst Du: Wie kam das?

Das lag vermutlich daran, dass die Politik in meiner Familie immer eine Rolle gespielt hat. Meine Eltern sind bzw. waren politisch engagiert und das auch schon seid deren Kinder- bzw. Jugendtagen. Mein Vater beispielsweise war in der Anti-AKW-Bewegung. Vor allem aber meine Mutter, die seitens ihrer Mutter politisch geprägt wurde, hat sich der SPD verschrieben und die aktuellen Themen an uns Kinder altersgerecht herangetragen.

Ich war oft dabei, wenn sie die Bundestagsdebatten im Fernsehen angeschaut hat. Zwar konnte ich zu dieser Zeit den Themen nicht so richtig folgen, aber mein politisches Interesse wurde durch diese Zeit geweckt.

Und wie ging es dann weiter?

In meinen Jugendjahren habe ich mich dann mit meinen Freundinnen viel über Politik unterhalten und Diskussionen über das Pro und Contra von diesen oder jenen Politikern in ihren Ämtern geführt. Wir haben uns dabei manchmal richtig gestritten.

Wann hast Du Dich denn entschieden, Mitglied der SPD zu werden?

An meinem 18. Geburtstag im Jahr 2006 bin ich in die SPD eingetreten.

Ich habe mir extra zwei Jahre länger Zeit genommen [40] und mich bewusst dafür entschieden

[40] Das Mindesteintrittsalter liegt bei 16 Jahren

dieser Partei beizutreten, weil ich mich mit ihr identifizieren konnte und immer noch kann.

Kannst Du die Gründe dafür genauer benennen?
Ich bin ein sehr sozialer Mensch, das war schon in der Schule so. Ich habe mich gern um Andere gekümmert, was sich auch in der Wahl meiner Ausbildung spiegelt. Ich kann Ungerechtigkeiten nicht ertragen und finde es schlimm, dass es so viele Menschen gibt, die von dem Geld, das sie in einem schlecht bezahlten Vollzeitjob verdienen, ohne staatliche Unterstützung nicht leben können. Das ist gerade für die Kinder in diesen Familien problematisch, wenn sie sehen, wie sich die Eltern abmühen, die für ihre Arbeit nicht richtig belohnt werden. Da ist mir die SPD als Partei eben näher mit ihrem Anspruch, sich für Chancengleichheit einzusetzen, damit auch die sozial Schwächeren in der Gesellschaft ihre Chance bekommen. Und ich möchte das mit meiner Mitgliedschaft unterstützen.

Ein weiterer und nicht weniger wichtiger Grund ist, dass ich so auch eine Familientradition weiterführen kann. Denn nicht nur meine Mutter und meine Oma sind in der SPD und waren bzw. sind jede zu ihrer Zeit sehr aktiv, sondern auch meine Urgroßmutter war in der Partei. Und ich möchte auch mit meiner Parteimitgliedschaft ein Vorbild für meine zukünftigen Kinder sein.

Hast Du Dich bereits politisch betätigt?

Ja, denn kurz nach meinem Eintritt habe ich mich dann auch aktiv ins Politikgeschehen von Bassum eingebracht. Ich habe mich für die Kommunalwahl als Kandidatin aufstellen lassen und ein Projekt für eine Jugendinitiative vorgestellt. Ich bin dann zwar nicht in den Stadtrat gewählt worden, aber ich fand die Zeit sehr spannend, denn natürlich haben wir in meinem Freundeskreis über meine Kandidatur und den Wahlkampf diskutiert. Im Übrigen haben wir auch zu anderen Wahlen über die Wahlbeteiligung diskutiert, denn nicht alle aus meinem Bekanntenkreis sehen die Notwendigkeit zur Wahl zu gehen. Für mich war und ist das eine Selbstverständlichkeit, denn wer mitreden will, sollte auch Verantwortung übernehmen und das bedeutet, dass man sich wenigstens an den Wahlen beteiligt und seine Stimme abgibt. Nur dann kann doch unsere Demokratie funktionieren!

Was hast Du nach der Kommunalwahl gemacht?
In erster Linie war da meine Ausbildung zur Erzieherin, die mich stark in Anspruch genommen hat. Und danach bin ich für 7 Monate nach Neuseeland gegangen, um ganz neue Erfahrungen zu sammeln. Dadurch war meine aktive Beteiligung in der SPD natürlich erst mal auf Eis gelegt.

Was machst Du jetzt?

Jetzt lebe ich in Berlin und arbeite als Erzieherin in einer tollen KiTa. Mein Ziel ist jedoch, Grundschulpädagogik zu studieren.

Wirst Du Dich politisch engagieren?

Ehrlich gesagt, weiß ich das noch nicht. Ich bleibe SPD-Mitglied aus Überzeugung, aber ich möchte mir Zeit nehmen, um mich hier einzuleben. Und dann sehe ich weiter. Allerdings bin ich der SPD ganz nahe, denn ich wohne in direkter Nachbarschaft zum Willy-Brandt-Haus.

Auf jeden Fall bin ich auf dem Laufenden, was den aktuellen Stand der Bassumer Politik angeht, weil meine Mutter mich immer darüber informiert.

Paula Moldenhauer, *Parteimitglied seit 4 Jahren, ist das typische Parteimitglied, ohne das eine Partei einfach nicht leben kann: nicht übermäßig aktiv, aber mit Verbundenheit und Solidarität.*

Jeder Mensch hat eine Geschichte

Dorit Schlemermeyer

Weshalb ich Sozialdemokratin wurde

Ich kann mich nicht mehr an das genaue Jahr erinnern, aber an die Person, wie ich mich immer besser an Menschen als an Zahlen und Fakten erinnern kann. Die Person war Karl Marx und wir hörten in der Schule von ihm. Was mich damals fasziniert hat, war die Tatsache, dass mir zum ersten Mal klar wurde, warum es einigen finanziell besser ging als anderen, warum die Kinder vom anderen großen Hof sofort etwas zu trinken bekamen und meine Schwester und ich nie gefragt wurden und solange warten mussten, bis unsere Freundinnen vom großen Hof selbst Durst hatten. Sie besaßen mehr, sie waren wer, weil ihnen viel mehr Land gehörte als uns. „De Dübel schitt jümme up´n Hop´n“, lautete dazu die Begründung meines Vaters. Nicht, dass wir uns beklagen konnten, unser Hof hat die Familie lange ernährt, aber zu dieser Zeit arbeitete meine Mutter schon mit. Zuerst in der örtlichen Heißmangel und dann als Heimarbeiterin der Wagenfelder Wollspinnereien und damit es reichte, arbeitete sie viele Stunden. Uns Kindern kam es oft so vor, als arbeite sie Tag und Nacht. Karl Marx hatte die Situation von Arbeitern gut beschrieben: Um überleben zu können, mussten sie soviel Arbeitszeit wie möglich an die Besitzer der Fabriken verkaufen und das Wort Freizeit war ein Fremdwort.

Also kämpften er und viele andere dafür, dass alle Menschen ihren Anteil an Nahrungsmitteln, Wohnungen und Kleidung bekamen, damit sie in Würde leben konnten und wenn alles gut lief, sogar noch Geld für eine bessere Ausbildung hatten. So schlecht ging es uns nicht, wir hatten zu essen, zu trinken, Kleidung, die allerdings lange Jahre von meiner Mutter genäht wurde, einschließlich eines Bikinis, der im Freibad bei den andern für viel Gelächter sorgte. Mit dem

Fahrrad konnten wir zur Schule fahren und was ich am besten fand, wir hatten eine Zeitung zuhause. Mit dem Lesen konnte ich endlich eine Welt betreten, die ich mir selbst aussuchen konnte und es gab die Schule: Ich bin dreizehn Jahre gern zur Schule gegangen, weil hier der Ort war, an dem ich meiner Lieblingsbeschäftigung nachgehen konnte, dem Lernen. Wenn die Schule vorbei war, mussten Hausaufgaben gemacht werden. Aber dann waren wir frei und wir waren wirklich frei, sobald wir das Haus verließen.

Die Bäche, Wälder und Wiesen waren unsere, natürlich nicht wirklich, aber im Gegensatz dazu, was ich später mal in Bassum beobachtet habe, nahm niemand Anstoß daran, wenn wir überall herumliefen. Nur einmal, als wir in einem Kornfeld Verstecken spielten, bekamen wir später alle Hausarrest. „Niemand darf auf das Brot treten, das wir später mal essen", lautete die Begründung und diese Hochachtung vor Nahrungsmitteln ist uns sozusagen in die Wiege gelegt worden. Meine Freundin vom großen Hof hat mir gegenüber später zugegeben, dass ihre Eltern es nicht gern gesehen haben, wenn wir da waren, sie sollten lieber mit den Kindern vom anderen großen Hof spielen. Das ist genau das, was ich die Jahre über empfunden hatte, nämlich eher nicht willkommen zu sein und das schlimmste daran war, dass es nichts damit zu tun hatte, wer wir waren. Wir wussten uns zu benehmen, wir fragten immer höflich nach allem, wir grüßten, bedankten und verabschiedeten uns korrekt, wir waren nie zu laut und schon gar nicht vorlaut zu Erwachsenen. Nein, es hatte ausschließlich mit der Tatsache zu tun, dass wir vom kleineren Hof kamen, dass mein Vater psychisch krank war und meine Mutter viel arbeiten musste. Das war so ungerecht, dass ich vor Wut hätte schreien können, was ich natürlich niemals tat zu dieser Zeit. An diesem Sommernachmittag, als ich auf der Rückfahrt von der Badeanstalt an Karl **Marx** dachte, habe ich zum ersten Mal begriffen, dass es nicht nur unserer Familie so ging, sondern dass es zu anderen Zeiten eine noch viel größere Ungerechtigkeit gab und wir immerhin zu den Besitzenden zählten. Damals war mir nicht bewusst, dass ich schon privilegiert war, da ich auf einer Schule war, auf der ich von Karl **Marx** erfahren habe. Dass ich dieses Gymnasium besuchen konnte, verdanke ich mehreren Umständen. Meiner Überzeugungskraft und meinen guten Noten und meiner Freundin Cordula, die unbedingt aufs Gymnasium wollte und von ihrer Mutter darin vehement unterstützt wurde. Meine Eltern hätten mich gern in einer Banklehre gesehen, aber mein Opa meinte abschließend als „Auchnochimmerfamilienoberhaupt": „Lott de Dern man hengohn, de is kloak." Als ich auf dem Gymnasium war, führte die SPD das Bafög ein und es war mir möglich mit meinem Abitur zu studieren, was sich meine Eltern sonst nie hätten leisten können. Sie wählten deshalb die SPD und meine Mutter tut dies bis heute, allerdings wahrscheinlich auch, weil ihre Tochter sich dort engagiert. Ich überlege gerade, was meine Triebfeder war, die mich in die Politik gebracht hat. Es waren jedenfalls nicht die großen wilden Kerle, die sich als APO-Leute laute Redeschlachten mit dem Direx lieferten in der Aula. Damals war ich zehn Jahre und habe überhaupt nicht verstanden, um was es ging. Meinem Jahrgang hat man nicht zu Unrecht vorgeworfen, die wirklich großen Schlachten in der deutschen Gesellschaft nicht gekämpft zu haben. Okay, ich will eine Lanze brechen für die anderen, die immerhin in Gorleben, Wackersdorf dabei waren oder die Startbahn West verhindern wollten. Ich war nicht dabei. Was damals so verheißungsvoll mit den philosophischen Gedanken über Karl Marx begann, fiel gleich anschließend meiner Pubertät zum Opfer und wurde erst wieder wach im Berufsleben, in dem ich wie schon in meiner Jugend schmerzlich erfahren musste, dass Solidarität so gut wie nie stattfand. Während ich den Kontakt zu den Betriebsräten in allen Betrieben hielt, allerdings mich nicht gewerkschaftlich organisierte, gingen meine Kollegen in der Weiterbildung davon aus, dass man sich nicht unbedingt an Arbeitnehmerfragen orientieren muss, da man ja die Ausbildung zum Abteilungsleiter machte. Außerdem konnte man sich ja seine Aufstiegchancen verbauen, wenn man sich in der Unterschriftenliste der Gewerkschaften eintrug, die damals gegen die längeren Öffnungszeiten ohne Lohnausgleich protestierten. Dass der Kampf gewonnen wurde - auch mit meiner Unterschrift - mutet heute abenteuerlich an bei dem Rückfall in Arbeitsbedingungen und Arbeitszeiten der Fünfziger Jahre im Einzelhandel. Dann wurde ich Mutter und kämpfte gegen die Isolierung im eigenen Haus. Klar, die erste Zeit ging schnell vorbei: Ich musste mich in die Hausarbeit hineinfinden und ich wollte gut sein darin, aber als das erreicht war, kam die latente

Unzufriedenheit mit der Situation, der Nichtanerkennung durch die Gesellschaft, durch den Mann, die finanzielle Abhängigkeit und wieder das Gefühl von Ungerechtigkeit: Wieso hatte sich nur mein Leben so grundlegend verändert und seines überhaupt nicht? Wir waren doch schließlich beide Eltern. 1991, ein Jahr nach der Geburt meiner ältesten Tochter bin ich in die SPD eingetreten, nach einer Veranstaltung zum Thema Asylantenheim im Karrenbruch. Der Ortsverein hatte eine Mitarbeiterin von Pro Asyl eingeladen, die anschaulich verdeutlichte, wovor die Menschen in Deutschland Angst hatten: Der Anteil der Asylsuchenden betrug nicht einmal ein zehntel Prozent der Bevölkerung, genauer gesagt waren es 0,03 Prozent. Ich fand gut, dass der OV sich mit dem Thema beschäftigte und informierte, um die aufgeheizte politische Stimmung zu entschärfen. Das war genau meine Linie, die Leute zu informieren und nicht zu missionieren und passte zu meinen eigenen politischen Vorstellungen. Umso überraschter war ich, als ich auf einem ersten Workshop des Unterbezirkes auf eine Ansammlung politischer Anschauungen traf innerhalb der SPD, die viel weiter von mir weg waren, ich war regelrecht entsetzt, wie viele Konservative es auch in der SPD gab. Schön war dagegen die herzliche Aufnahme in der ASF. Meinem Ungerechtigkeitsempfinden in Sachen Ungleichverteilung bei der Kindererziehung wurde hier Stimme verliehen und zumindestens in diesem Punkt waren wir Frauen solidarisch und forderten eine bessere Kinderbetreuung durch den Staat.

Warum ich nicht schon eher eingetreten bin?

Ich war nicht mit allem einverstanden, was die SPD auf Bundesebene tat. Unter der Regierung der SPD nahm Deutschland an einer Fußballweltmeisterschaft in Argentinien teil, einem Land, in dem zu dieser Zeit Leute verschwanden und nie wieder auftauchten.

Warum ich Sozialdemokratin bin bis heute:

Freiheit, Gerechtigkeit, Solidarität sind Werte, die mir schon immer wichtig waren und die ich, wie ich hoffe, auch gelebt habe und weiter leben will und so vielleicht im Gedächtnis von einigen Leuten bleiben werde, weil ich so bin wie ich bin, eine SPD-Tante.......

Dorit ***Schlemermeyer****, Vorsitzende der SPD in Bassum, Mitglied des Rates der Stadt Bassum seit 2001, Mitglied im Ordnungsausschuss und im Sozialausschuss. Vorsitzende der AsF im Unterbezirk Diepholz.*

Warum bin ich in der SPD aktiv?

Manfred Schmidt

Meine Aktivität in der SPD begann nach der Frage, die mir an der Theke gestellt wurde: „Wie stellst Du Dir eigentlich Deine politische Zukunft vor?“
Genau genommen hatte ich bis dahin noch nicht einmal eine (partei-) politische Gegenwart, wie hätte ich mir da also über meine politische Zukunft Gedanken machen können? Doch ich geriet ins Grübeln auf der Suche nach einer Antwort. Wollte ich eine politische Zukunft haben? Und wie könnte diese aussehen?

Nach einer Phase des Nachdenkens hatte ich für mich eine Antwort gefunden: Nicht ich wollte eine politische Zukunft haben, aber ich wollte mich zukünftig politisch für meinen Ort, der für mich mein Lebenszentrum geworden ist, einsetzen. Ich wollte - und das will ich auch heute noch

- helfen, dass die Ortsteile nicht in Vergessenheit geraten. Auch wenn das dörfliche Leben heute nicht mehr das ist, was es noch vor einigen Jahrzehnten war – damals geprägt durch die Landwirtschaft mit all ihren Vor- und Nachteilen – so bietet es in geänderter Form doch immer noch den für mich positivsten Aspekt: Die Menschen kennen sich untereinander, sie helfen einander, sie feiern miteinander, laden sich gegenseitig ein und erzählen von Nöten und Sorgen, aber auch von den Erfolgen und Freuden des Lebens.

Der Erhalt dieser dörflichen Gemeinschaft liegt mir besonders in den Zeiten der virtuellen Vernetzung und der Globalisierung am Herzen. Das Internet bietet eine Menge Möglichkeiten, die wir vor ein paar Jahren vielleicht noch für kaum umsetzbar hielten, wir kommunizieren beispielsweise sehr viel schneller miteinander, aber die persönliche Begegnung kann doch durch nichts ersetzt werden.

Mit fünf Geschwistern wuchs ich in einfachen Verhältnissen in Stophel einem Ortsteil von Twistringen, auf. Meine Eltern waren eher konservativ, wie es auf dem Lande üblich war, wobei Politik in unserem Haus keine Rolle spielte. Meine Eltern kämpften ihren Lebenskampf, da war für anderes kein Platz.

Für mich war aber immer das Interesse für andere Menschen wichtig, ich habe mich als Sprecher der Auszubildenden in meiner Ausbildungszeit in Bremen engagiert.

Dabei habe ich mich stets für unsere gemeinsamen Belange eingesetzt.

Schon frühzeitig bin ich Mitglied der Gewerkschaft geworden, weil ich merkte, dass wir als Arbeitnehmer eine gute Vertretung gegenüber dem Arbeitgeber brauchen, denn nur gemeinsam können wir sicherstellen, dass unsere Interessen auch wahrgenommen und wir als Arbeitnehmer ernst genommen werden.

Nach meiner Ausbildung als Werkzeugmacher blieb ich als Fluggerätemechaniker weiterhin im Betrieb. Inzwischen bin ich betrieblicher Ausbildungsbeauftragter und Vertrauensmann geworden und kümmere mich in diesen Funktionen weiterhin um die mir anvertrauten Menschen. Für mich ist es wichtig, mit Menschen zusammenzuarbeiten, wichtig ist aber auch gerade die praktische Arbeit für mich. Im Betrieb genauso wie zuhause in meiner Freizeit.
Renovierungsarbeiten an unserem 100. Jahre alten Haus erledige ich selbst, was mir große Freude macht und mir eine tiefe Zufriedenheit gibt, dass ich mit meiner eigenen Arbeit etwas Dauerhaftes schaffen kann.

1984 zogen wir, meine damalige Verlobte Elke und ich, von Twistringen nach Stühren, auf den Hof von Elkes Großeltern, welchen wir 1983, während meiner Bundeswehrzeit, für uns teilweise umgebaut haben. 1985 haben wir dann geheiratet und 1987 wurde unser Sohn Michael geboren. Da wir immer mehr ins Haus investiert haben, entschlossen wir uns 1991 den ganzen Hof zu kaufen. Wir verstanden uns mit Oma und Opa sehr gut, was der These widerspricht, das Jung und Alt nicht zusammen in einem Haus wohnen kann. Leider sind die Großeltern mittlerweile verstorben.

Auf einen richtigen Hof gehören Tiere, so auch bei uns, also mussten Hühner her.

Zuerst hatten wir nur Legehennen, alles bunt durcheinander, da aber das Versorgen und Leben mit ihnen ein guter Ausgleich zu meiner anderen Arbeit war und ist, entschloss ich mich, in den Rassegeflügelzucht Verein von Bassum einzutreten. Nun musste natürlich auch Rassegeflügel in den Hühnerstall und es sollten Zwerghühner sein. Ein Hobby, das zwar einiges an Arbeit mit sich bringt, was aber gleichzeitig sehr beruhigend und spannend ist. Das Ausbrüten der Eier in der Brutmaschine, das Schlüpfen der Küken, die Aufzucht bis zum ausstellungsreifen Huhn. Das alles gibt mir sehr viel und ich helfe mit dafür zu sorgen, dass die alten Geflügelrassen nicht aussterben. Wenn man dann auch noch bei der einen oder anderen Rassegeflügelausstellung gute Bewertungen für seine Tiere bekommt, dann hat sich der ganze Aufwand gelohnt.

Trotz der umfangreichen Arbeit an unserem Haus und der täglichen Fahrt nach Bremen zur Arbeit wollte ich mich ins Dorfleben integrieren und wurde deshalb Mitglied im Schützenverein. Dieser Verein bietet neben den schießsportlichen Veranstaltungen zahlreiche Begegnungsmöglichkeiten für alle, die in Stühren leben. 1996 wurde ich dort zum Schießsportleiter gewählt und 2001 zum ersten Mal zum Vereinsvorsitzenden. Das bedeutete für mich, wie beschrieben, eben nicht nur das Engagement für den Verein, sondern für alle Menschen im Dorf. Mit dieser

Funktion übernahm ich also schon Verantwortung und Aufgaben, die über die Vereinsarbeit hinausgingen bzw. -gehen.

Somit lag die Antwort auf die bei einem geselligen Beisammensein gestellte Frage im Jahr 2006 im Grunde nahe: Wenn ich mich schon innerhalb des Dorfes engagierte, dann musste ich auch einen Schritt weitergehen und das Dorf im Stadtrat vertreten. Also nahm ich Kontakt mit dem Ortsverein auf und trat der SPD bei. Im September 2006 wurde ich in den Stadtrat gewählt und konnte mit einem sehr guten Ergebnis für Stühren auch den Orstvorsteherposten gewinnen, der von dem langjährigen Stadtrats- und Kreistagsmitglied Hans-Jürgen Urbrock übernommen wurde.

An meiner persönlichen und beruflichen Geschichte lässt sich wohl deutlich ablesen, weshalb für mich nur die SPD als Partei und keine andere in Frage kam.

Das Kümmern im Kleinen, also im Dorf, erweitert sich nun für mich auf das Kümmern für alle, denn natürlich vertrete ich im Stadtrat nicht nur die Interessen meines Heimatdorfes, sondern letztlich die Interessen aller Bassumerinnern und Bassumer, denn die Ortsteile – und damit ist auch der zentrale Ortsteil Bassum eingeschlossen – brauchen einander. Auch hier können wir nur gemeinsam das Beste für die Menschen in unserer Stadt erreichen. Ich möchte meinen Anteil dazu beitragen und sicherstellen, dass die Grundlagen, die für mich im persönlichen wie im beruflichen Bereich immer schon sehr wichtig waren, nämlich Freiheit, Gerechtigkeit und Solidarität, auch in der Kommunalpolitik spürbar werden.

***Manfred Schmidt**, Partei- und Ratsmitglied seit 2006, wohnt im kleinen Bassumer Ortsteil Stühren. Er vertritt den klassischen Typus des Kümmeres in einer Gemeinschaft: Ist für alle da, kann helfen, reißt aber durch sein Engagement auch immer wieder andere zu Tätigkeiten mit.*

2 ½ Jahre

Martin Wolle

Warum bin ich Sozialdemokrat?

Dies ist eine gute Frage, die hier gestellt wird! Es wäre sicherlich einfach, dies mit zu platten Sprüchen zu beantworten, wie „Die SPD ist die beste Partei“ oder „Weil die SPD das beste Programm hat“. Aber wer Sozialdemokrat ist, der wählt sicherlich nicht den einfachen Weg der Begründung bzw. begründet seine Überzeugungen nicht mit inhaltslosen Sätzen. Daher möchte ich versuchen in den nächsten Zeilen zu erklären, warum ich nun seit über 2 ½ Jahren der SPD gerne angehöre.

Warum bin ich politisch interessiert?

Sicherlich hat eine starke Politisierung meiner Eltern dazu geführt, dass für mich Demokratie mehr ist, als alle Jahre mal zu wählen. Auch mein Opa hat dafür gesorgt, dass mein Interesse an der Politik immer groß war/ist. So spannend und interessant doch seine Kriegsgeschichten für uns Kinder waren, prägten sie auf der anderen Seiten mir auch immer wieder ein, dass so etwas nie wieder passieren darf und daher die Demokratie von jedem von uns am Leben gehalten werden muss.

Warum wähle ich immer sozialdemokratisch?

Im Grunde bin ich ja ein typisches „Kohl-Kind". Bis zu meinem 16ten Lebensjahr musste ich den guten Helmut ertragen. Aber ich denke gerade dieser Umstand hat auch dazu geführt, dass die CDU eine Art „No go" für mich ist. Durch diese gefühlte politische Dominanz der CDU/FDP Regierungen schob man viel Negatives im Leben auch ihnen in die Schuhe. Der Wechsel 1998 hin zu Rot-Grün war für mich eine Art Erlösung und Aufbruch in ein besseres Leben, weil es auch für mich besser wurde. Ich bekam eine Lehrstelle (endlich keine Schule mehr ;-)). Aber bislang war dieses doch eher naives Denken eines Jugendlichen. Das sollte sich natürlich ändern (erwachsen werden wir ja alle mal).

Meine Lehrjahre prägten weiter meine politische Stilrichtung hin zur Sozialdemokratie. Dass Lehrjahre keine Herrenjahre sind, wissen wir alle, aber diese Zeit zeigte mir auch, dass es enorme Unterschiede in der Behandlung von Menschen gibt. Ich musste feststellen, dass Menschen ohne Grund weniger verdienten als andere oder schlechter behandelt werden als andere. Im Klartext: mir wurde klar, wie unsozial nicht gewerkschaftliche Betriebe geführt werden. Hier wurde mir auch klar, dass du nichts ändern kannst an deiner Situation, wenn du ruhig bist. Es brachte für mich auch nichts, die Partei zu wählen, die nur für die Chefs da ist. Für mich war es schon damals wichtig, dass gute Arbeit auch gerecht bezahlt wird. Ich merkte aber, dass dies nicht nur durch Stärkung der Unternehmer passieren kann, sondern auch durch die Stärkung der Arbeitnehmer. Außerdem war für mich eine Partei nicht zu wählen, welche sich für Ihre Politik bestechen lässt (Ja, ja Herr Schäuble ;-)). Also war bzw. ist CDU wählen für mich, als wenn ich mir selber das Gehalt kürzen würde. Dies nur zur Erklärung, warum ich eigentlich schon immer sozialdemokratisch gewählt habe.

Warum wurde die SPD für mich mehr als nur wählen?

Diese „Liebesgeschichte“ begann schon im Herbst 2001. Wie ich eben bereits ausgeführt habe, musste ich in der Arbeit schon früh soziale Ungerechtigkeit gegenüber Mitmenschen erleben. Irgendwann war halt der Punkt erreicht, wo man dies nicht mehr wortlos hinnehmen wollte. Sicherlich haben einige „leise“ Stimmen in einem Bassumer Fitnessstudio dazu geführt, dass mein Focus nicht von der SPD wich. Der erste Kontakt mit der SPD und den Jusos war schnell übers Internet hergestellt und auch das Eintrittsformular war schon vorhanden! Aber ein Abend im November 2001 führte erstmal dazu, dass sich mein Focus für die nächsten Jahre sich auf die Dorfjugend konzentrierte. So blieb das Eintrittsformular unausgefüllt. Aber auch diese Zeit brachte mich näher an die SPD. Ich merkte in dieser Zeit, dass ehrenamtliche Arbeit doch eine undankbare Arbeit ist. Sicherlich ist es überall im Leben so, dass die Leute nur kommen, wenn Erfolg da ist. Aber ich merkte auch, dass z.B. die Bassumer Verwaltung einen nur anspricht, wenn diese was von einem wollen, aber wenn wir mal was wollten, waren sie nicht da!-Dieser Umstand war nicht schön für mich, aber irgendwann (hier hatte ich kein zeitliches Ziel) wollte ich dieses ändern. Mir wurde klar in dieser Zeit, dass ich nur was ändern kann, wenn ich bereit bin, mich aktiv einzumischen. Sprich: ich müsste mal über die Dorfgrenze von Albringhausen hinaus schauen und in Bassum was ändern.

Im Jahr 2005 begann jedoch meine Liebe zur SPD zu bröckeln. Ich lernte die (teilweise) Härte des Sozialstaates bzw. Hartz IV kennen. So langsam fing ich sogar an, an der SPD zu zweifeln, weil ich dachte, mit Hartz IV zeigen sie uns doch, dass ihnen nicht mehr jeder Mensch wichtig ist. Dieses führte dann 2005 sogar zu einer teilweisen Abkehr von meiner eigentlichen politischen Heimat.
Anfang 2006 zog ich von Schorlingborstel nach Bassum und so wurde mein Horizont erweitert. Aber auf der anderen Seite lernte ich die Anonymität der Stadt kennen. Ich war nur noch einer von vielen, dies war für mich ein nicht so schöner Aspekt am neuen Leben in Bassum (Nur so nebenbei: In Osterbinde habe ich wieder die Art von Ortsteil, die ich mag). Diesen Aspekt wollte ich ändern und so entschloss ich mich, mich genau über die anstehende Kommunalwahl bzw. die Parteien zu informieren. Da die letzten 2 Jahre meine „Liebe“ zur SPD sehr getrübt hatten,

gab ich am Anfang des Wahlkampfs der SPD nicht viele Chancen auf meine Stimmen.

Aber oftmals kommt es im Leben anders, als man denkt. Jeden Samstag ging es nach dem Baby-Schwimmen mit Janette und Benny (in Mini-Form) in die Sulinger Straße, wo um Wählerstimmen gekämpft wurde. Zuerst blieben wir bei der SPD stehen. Hier wurde dann erstmal meinen Unmut freien Lauf gelassen, über einiges was mich störte. Mich störte damals die Unterstützung der Lukas-Schule[41]. Aber ich wurde überrascht. Mein Einwand wurde ernst genommen und er wurde sachlich diskutiert und widerlegt. Nach 2 Stunden harter Arbeit seitens Bärbel und Carsten ließ ich die beiden in Ruhe und verließ den Stand, mit dem guten Gefühl, mal falsch gelegen zu haben. Die Woche danach begann ich online mich über das Wahlprogramm der SPD zu informieren und fand immer mehr

[41] Eine private Initiative, die einen Schulabschluss bis zur Hochschulreife anbieten konnte. Sie ist die zweite nichtöffentliche Schule in Bassum

Übereinstimmungen mit meinen persönlichen Ansichten. Dies ließ ich damals Luzia per Mail wissen. Die nächsten Samstage am Stand wurden immer freundschaftlicher und gingen thematisch nicht nur noch um Wahlprogramme und Co. Alles in allem führte es dazu, dass der Bürger-Block[42] und CDU keine Chance bei mir hatten. Und so landeten meine Stimmen wieder bei der SPD und dies wieder mit einen sehr guten Gefühl. Dieser Kommunalwahlkampf brachte mir meine politische Heimat wieder und auch das Gefühl, dass diese Heimat doch mehr ist, als nur Kreuze machen. Aber irgendwas in mir gab mir nicht den Mut in die SPD mit Herz und Seele einzusteigen. Die Wahl ging und das Leben ging auch weiter. Gelegentliche (mehr oder weniger zufällige) Treffen mit SPDlern folgten. Dann kam aber der Wendepunkt, wo ich mich vom stillen Zustimmer zum hörbaren SPD-Unterstützer

---

[42] Eine der „Wir sind offen und ehrlich, weil wir keine Partei sind"-Parteien

wandelte. Ende 2006 wurde eine Ratssitzung wieder mal in der Zeitung als Kindergarten dargestellt. Als Reaktion schrieb ich den 3 Bassumer Fraktionen einen Brief, wobei dieser doch schon sehr pro SPD war. Vom Bürger-Block kamen 0 Antworten, die CDU bzw. Cathleen Schorling[43] suchte den Kontakt und die SPD lud mich zu einer Fraktionssitzung ein. Also betrat ich das erste Mal den Roten-Laden und habe diskutiert. Das Produkt dieses Abends war, dass ich diesen offenen Brief an die Kreiszeitung schickte. Er war in der damaligen Zeit doch was anderes, weil er mal ein Pro-Gruppe[44]-Leserbrief war. In diesem Moment wurde mir auch klar, dass es doch nicht mehr richtig wäre, diese Politik nur durch Leserbriefe zu begleiten und so stand mein Beschluss für den SPD-Eintritt. Aber irgendwelche unerklärlichen Gründe schafften es,

---

[43] Die Partei- und Fraktionsvorsitzende der Bassumer CDU

[44] CDU und SPD hatten sich im Rat zu einer parlamentarischen Gruppe zusammengeschlossen, was in dieser Zeit in der Öffentlichkeit gerade bei Konservativen heftig kritisiert wurde.

dass ich mir noch bis April 2007 Zeit ließ mein Eintrittsformular zu unterschreiben.

2 ½ Jahre und was hat es gebracht?

Nun gehöre ich schon 2 ½ Jahre der SPD an und kann voller Stolz sagen, dass mir diese 2 ½ Jahre sehr viel gebracht haben. Zuerst muss ich sagen, dass ich nicht in eine Partei eingetreten bin, sondern eine Art Familie gewonnen habe. In diesen 2 Jahren ist die Sozialdemokratie zu meiner Lebenseinstellung geworden.

Diese 2 ½ Jahre haben mir persönlich sehr viel gebracht. Meine persönliche Entwicklung hat sich auch durch die SPD sehr nach vorne entwickelt. Ich habe gelernt, auch andere Meinungen zu akzeptieren bzw. jeder Idee eine Chance zu geben. So hätte ich noch vor Jahren über eine Reaktivierung der Bahnstrecke nach Sulingen noch müde gelächelt und nun bin ich von der Idee begeistert und unterstütze diese sogar. Ich habe gelernt, jeder Idee, egal wie unrealistisch sie sein mag, eine Chance zu geben. Ich habe auch gelernt, für meine Überzeugungen einzustehen und für meine Ideale zu „kämpfen“.

Aber neben aller politischen Übereinstimmung bin ich am frohsten, eine Truppe gefunden zu haben, die jeden akzeptiert, wie er ist! Ich habe gerade mit der SPD in Bassum eine Gruppe gefunden, die füreinander da ist und jeden jederzeit unterstützt. Gerade mein erstes halbes Jahr in der SPD wurde ich perfekt durch meine Genossen unterstützt und in diese Partei eingeführt. Einige tingelten sogar mit mir durch die Lande am Wochenende, nur weil ein Junggenosse die SPD kennen lernen wollte. Auch in schweren Zeiten ist in dieser Partei immer einer da, um dir helfend zur Seite zu stehen. Dieser Fakt, dass ich eine Art „Familie“ gefunden habe, ist für mich wichtiger, als jedes Amt, was die SPD für mich offen hält.

Freiheit, Solidarität und Gerechtigkeit

Dies sind für mich mehr als 3 Worte. Es sind die 3 Fakten, die mich politisch antreiben.

Die Freiheit ist das größte Gut, was uns geschenkt wurde. Diese Freiheit gilt es um jeden Preis zu erhalten. Für mich bedeutet Freiheit jedoch nicht, „sich nur den Platz unter der Brücke auszusuchen, wo man schläft“[45]. Für mich ist Freiheit z.B., dass jeder Mensch, egal woher er stammt, die gleichen Chancen hat, sein Leben frei zu bestimmen bzw. seine Gedanken frei zu äußern. Daher ist es z.B. eine Herzensangelegenheit vom mir, mich gegen das Vergessen des NS-Terrors einzusetzen. Nur wer die bittere Erinnerung an die Unfreiheit am Leben hält, der kann die Freiheit erhalten.

Solidarität ist für mich, dass wir unseren „Reichtum“ an irgendwas auch mit anderen teilen. Solidarität ist aber in keinster Weise nur durch Geld

[45] Kritik unseres Fraktionsvorsitzenden an der liberalen Vorstellung von Freiheit.

zu sehen. Solidarität bedeutet auch, dass wir z.B. unser Wissen mit anderen teilen, um diesen zu helfen. Solidarität ist einfach für seinen Nebenmenschen da zu sein, egal was für einen selber dabei rausspringt. Ohne Solidarität kann keine Demokratie und Freiheit funktionieren. Nur wer solidarisch ist, der schafft für andere und sich Freiheit und Gerechtigkeit.

Gerechtigkeit heißt für mich, dass jeder, egal woher er stammt, egal wer er ist oder welche Eltern er hat, die gleichen Chancen hat, etwas zu erreichen und sein Leben zu bestimmen. Ohne Gerechtigkeit kann für mich keine Freiheit geschaffen werden. Nur wenn dem Menschen Gerechtigkeit widerfährt, so wird er auch bereit sein solidarisch für andere da zu sein und für seine Freiheit und die seiner Mitmenschen zu kämpfen.

Für mich sind diese 3 Worte keine alten Parolen, für mich sind dies die 3 Worte, die uns ermahnen und befähigen sollten, demokratisch und gerecht miteinander umzugehen. Für mich sind diese 3 Worte die 3 Werte die unser Leben perfekt machen könnten bzw. sollten. Ich hatte nie einen Gedanken daran verschwendet, dass auch nur eines der Worte im Gegensatz zu einen anderen stehen könnte. Für mich gehören sie unabdingbar zusammen!

Fazit

Nach einigen Seiten und langem und zähem Schreiben will ich mal ein Fazit meiner Arbeit ziehen. Obwohl Arbeit möchte ich es nicht nennen. Es war eher eine Insichkehrung, um sich wieder vor Augen zu rufen, warum ein kleines rotes Büchlein bei einem zu Hause liegt. Es war für mich mal schön zu klären, warum hast du das Ganze gemacht? Ich finde, nach 2 ½ Jahren war es auch eine gute Zeit, mal zu reflektieren, was ich hier mache.

Das Schöne war für mich war zu erkennen, dass mir **nie** der Gedanke kam „Was machst du hier eigentlich?“ Natürlich stellte ich mir in 2 ½ Jahren schon die Frage, musst du dir dieses oder jenes antun und deshalb habe ich gerade im Bereich Unterbezirk meine Arbeit enorm gedrosselt, weil es einfach oftmals nicht meine Art war, sozialdemokratische Politik zu machen. Ich finde es auch schön, dass ich persönlich mehr Interesse daran habe, die sozialdemokratische Politik darzustellen, als meinen persönlichen Werdegang in irgendwelche Funktionen und Parlamente zu forcieren. Klar werde ich versuchen für meine Partei Verantwortung in irgendeiner Form zu übernehmen, aber ich will keine Verantwortung übernehmen, die wider meine Überzeugung ist. Für mich ist es allemal schöner, etwas für meine Mitmenschen zu erreichen anstatt sagen zu können „Ich bin der und der!“ Kurz und knapp: Die SPD stellte für mich nie eine Option dar, irgendeine Macht zu erlangen. Für mich ist die Sozialdemokratie eine Lebenseinstellung.

Ich hoffe, dass ich auch in den nächsten Jahrzehnten zusammen mit der SPD in Bassum viel für unsere Mitmenschen erreichen kann und so unser aller Leben ein Stück besser machen kann!

P.S. Sollten meine Worte etwas unklar wirken, so liegt es wohl daran, dass man etwas schlecht umschreiben kann, wofür man mit Leib und Seele einsteht. Für manches gibt es halt keine Worte ;-)

***Martin Wolle**, Parteimitglied seit nun bekanntermaßen 2 ½ Jahren (Stand Anfang 2010), Mitarbeit in Fraktion und als Mitglied des Ortsvereinsvorstands*

Ein Lehrstück

- Ein Rührstück -

Rotes AutorenInnenkollektiv

„Die SPD in Bassum“

Uraufgeführt auf der Weihnachtsfeier der SPD in Bassum

am 18.12.2005

in der Alten Oberförsterei, Bassum Neubruchhausen

Personae dramatis:

- Der Erfahrene (Kommunalpolitiker)
- Der Wichtige (Parteimanager)
- Die (willige) Neue
- Die (emanzipatorisch) Bewegte
- (Das Muttchen) die Stimme des Volkes

Ort: Parteischulungsabend. Die Bühne ist leer, lediglich die Rednertribüne des erfahrenen Kommunalpolitikers steht noch, von der er gerade ausschwadroniert.

Der Erfahrene, *überzeugend*

… brauchen wir Euch, liebe Genossinnen und Genossen. Nein: Wir brauchen uns! Die Bevölkerung, die Stadt braucht uns! Wir stehen zusammen, wir kämpfen für unsere Ideale. Und, bitte: es ist nicht schwer, wir lernen von uns gegenseitig. Ihr zeigt uns unsere Kenntnisse, wir Euch unsere. Hier, die … äh, die Sara ist erst kürzlich bei einer Straßenaktion zu uns getreten. Sara, komm, stelle Dich mal vor, sag uns, was Dich bewogen hat, bei uns mitzumachen.

Die Neue *tritt auf*

Also, ich bin…

Der Erfahrene

Wir begrüßen Sara erst mal mit einem heftigen Applaus, bravo Sara! (*Applaus*)

Die Neue — Nun, ja…

Der Wichtige *tritt auf* — Ich will das ja nicht abwürgen, aber wann wurde denn beschlossen, dass Sara hier für alle Neuen redet?

Der Erfahrene *lauter* — Nun mal ernst: Sara ist so mutig, hier vor allen aufzutreten und wir sollen jetzt formal diskutieren? Noch mal: Danke, Sara, dass Du Dich vorgestellt hast. Noch mal alle: bravo Sara!

Die Neue *zögerlich* — Danke, ich meine …

Der Erfahrene — Ich sage Euch, es gehört Mut dazu, so hier vor allen offen und alleine zu reden. Ich sage Euch, als ich damals 1971 das erste

Mal vor dem ganzen OV … aber das waren noch andere Zeiten, als Willy Brandt und ich in Heede zusammen Mittag gegessen hatten (*schwelgt*). Danke Sara nochmals.

Die Neue, *mutig* Guten Abend!

Der Erfahrene Bitte?

Der Wichtige Was, bitte?

Der Erfahrene So, Sara, was ist denn nun Dein kommunalpolitisches Grundanliegen, was hat Dich bewogen, Mandatsverantwortung in einer kommunalen Selbstverwaltungskörperschaft anzustreben - natürlich wird die Partei Dich dabei unterstützen - …

Der Wichtige *mahnend*	Das muss natürlich in den Gremien noch beraten werden.
Der Erfahrene	... also, welche Strategien hast Du Dir überlegt, um auf komplexe Fragen sozial verantwortliche Lösungen zu stratifizieren und zu majorisieren?
Der Wichtige, *zum Publikum*	Das hat er eiskalt von mir geklaut, aus meiner letzten Rede zur OV-Vorstandswahl! Nur den Passus mit der Analyse politischer Strömungen hat er vergessen!
Die Neue *leise*	Also, ich möchte, dass wir hier friedlich und schön leben, gerecht soll es auch zugehen.

Der Erfahrene

Wer wollte das nicht? Aber, Sara, ganz prima, lass uns an einem Punkt anfangen. Was, meinst Du, ist schnell und praktisch zu lösen?

Die Neue
unsicher

Ein Punkt? Ich weiß nicht … solche Gedanken habe ich mir noch nicht gemacht. Vielleicht: können wir nicht den Zebrastreifen an der Bremer Straße erneuern?

Der Erfahrene,
interessiert in die Menge schauend

Aha, also Du suchst den Weg über die verkehrspolitische Mobilisierung. Clever, wirklich. Also, Beruhigung in unserem verkehrsträchtigsten Bereich zur Hebung von Einkaufmöglichkeit, Mehrung sozialer Kontakte und damit auch zur Attraktivitätssteigerung der Innenstadt. Wie gesagt, prima, Sara. (*zum Publikum*) Bitte hört Euch das an, ganz prima.

Der Wichtige

Nun, wir müssen ja noch einmal im OV darüber diskutieren, ob durch das dauernde Stop-and-go nicht der Ozonausstoß vermehrt wird. Wir sind schließlich Unterzeichnerstaat des Abkommens von Rio 1992, da muss man das natürlich auch berücksichtigen, mein Lieber, auch Kommunen sind dazu verpflichtet.

Die Neue

Ich wollte doch nur, dass der alte Fußgängerüberweg an der Bremer Straße…

Die Bewegte *tritt auf*	Entschuldigt, dass ich hier so reinplatze, aber das ist dann doch interessant. Übrigens, Sara, wir sollten uns dann doch daran gewöhnen, alles geschlechtsneutral zu formulieren. Wir wollen doch nicht alte patriarchalische Strukturen perpetuieren, oder? Du meintest sicherlich den Fußgängerinnen- und Fußgängerüberweg, nicht?
Die Neue, *zaghaft*	Ich meinte eigentlich den alten Zebrastreifen…
Der Erfahrene, *genervt*	Es handelt sich um die fußläufige Fahrstraßenquerungshilfe, die einer Sanierung bedarf.
Die Neue, *überrascht*	Ist das woanders? Ich meinte den Zebrastreifen an der Ecke

Bremer und Lange Straße.

Der Wichtige, *kompetent*

Gut, gut. Das Gehampel hier ersetzt natürlich weder die Analyse des Ist noch die Projektion auf das Soll. Wenn der Fußgängerinnen- und Fußgängerüberweg - danke, Herma - erneuert werden soll, dann hat das Implikationen, die aber noch in den Gremien diskutiert werden müssen.

Die Neue, *völlig verwirrt*

Ich möchte keine Impfaktionen, sondern eher, dass wir sicher über den Zebrastreifen kommen können.

Der Erfahrene

Genau, Robert, das musst Du auch sehen, wie sollen wir denn Deine - entschuldige bitte -

kleinlichen Einwürfe hier einbauen?

Die Bewegte *deutlich* | Also, Friedel, da bitte ich Dich doch, Dich zu mäßigen, unmöglich, wie Du Dich wieder aufführst. Robert ging es doch nur darum, dass auch Aspekte der Ökologie berücksichtigt werden, nicht nur Dein peinlich schlichter - entschuldige, dass ich das so sagen muss - Ökonomismus. Allerdings fehlen mir hier noch Gender-Aspekte: wer wird diese Querung vermehrt nutzen, zu welcher Zeit, ist auch die Ausleuchtung frauengerecht? Alles unerledigte Fragen. Friedel, das ist mir etwas zu dünn.

Die Neue | Eigentlich möchte ich einfach

sicher von Woolworth zum Rhodos, das geht vielen so…

Die Bewegte

Sicher, Sara, Du musst aber zugestehen, dass das Frauencafé, das Mütter-Kinder-Zentrum und das Büro der Gleichstellungsbeauftragten von Deiner Fußgängerinnen- und Fußgängerquerungshilfe nicht betroffen werden. Sondern im Gegenteil die Besucherströme gerade von dort weglenken würden.

Der Wichtige

Und der Stop-and-go-Verkehr mit der etwa 2,5-fachen Menge an Ozon- und CO_2-Ausstoß?

Die Neue, *nachdenklich*

Ich weiß nicht, mir ist noch gar nicht aufgefallen, dass da so viele Leute rumlaufen und so viele Autos fahren.

Der Wichtige, *verzweifelt*	Aber es geht hier doch um das Prinzip! Meine Güte… Es geht um das Prinzip des Politischen!
Die Bewegte	Es geht darum, dass wir eine Maßnahme nie ohne das Gesamt ansehen dürfen, wozu besonders Gender-Aspekte gehören.
Der Wichtige	Ökologie!
Der Erfahrene	Ökonomie, Arbeitsplätze!
Die Neue, *erfreut*	Und das lässt sich alles mit ein bisschen Farbe für einen Zebrastreifen machen? Politik ist doch Klasse.

Der Erfahrene

Wir müssen aus diesen Grundsätzen also nur noch ein Programm machen.

Der Wichtige, *notiert, während er redet*

Ich meine: Unter der Berücksichtigung einer weitestgehend stauungsfreien Verkehrsführung sollten Erwägungen in die Wege geleitet werden, die mit dem Ziel einer Attraktivitätssteigerung der Innenstadt bei sicherer Möglichkeit, fußläufige Querungshilfen im Bereich der ehemaligen Bundesstraßen im Kernbereich der Stadt auch von zentralen Standorten der Gemeinversorgung aus zu erreichen, Überlegungen zur Grundsanierung des südlichen Fußgängerinnen- und Fußgängerüberwegs der Kreuzung Bremer / Lange Straße initiieren. – Ich glaube, das ist schlüssig und klar!

Die Bewegte, *abwägend-drohend*

Na ja, ich könnte noch so einiges ergänzen…

Der Erfahrene *aufbrechend*

Jetzt lasst uns das mit Sara besprechen. Also, Sara, wie siehst Du das?

Die Neue, *übernimmt den Zettel vom Wichtigen*

Ich meine, wenn ein einfacher Farbanstrich solche Folgen haben kann, dass das Mütter-Kinder-Zentrum schließen muss oder die Verträge von Rio gebrochen werden, dann muss ja was dran sein. Ich soll also sagen: *Ich meine: Unter der Berücksichtigung einer weitestgehend stauungsfreien Verkehrsführung sollten Erwägungen in die Wege geleitet werden, die mit dem Ziel einer Attraktivitätssteigerung der Innenstadt bei sicherer Möglichkeit, fußläufige Querungshilfen im Bereich der ehemaligen Bundesstraßen im Kernbereich der Stadt auch von zentralen Standorten der Gemeinversorgung aus zu erreichen, Überlegungen zur Grundsanierung des südlichen Fußgängerinnen- und Fußgängerüberwegs der Kreuzung Bremer / Lange Straße initiieren.*

Der Erfahrene, *enthusiastisch*

Bravo, Sara, jetzt ist es gut, ein Bravo für unsere Sara! Wir gehen jetzt am besten mal raus und sprechen mit den Leuten, ja? Hier, gleich zu diesem Muttchen. - Hallo, gute Frau, ja, Sie meine ich. - Sie sehen (*überrascht tuend*) dem Bernhard Wrede so ähnlich, sind Sie verwandt?

Die Stimme des Volkes	Ich? Nein, den kenne ich gar nicht. Wer ist denn das?
Der Erfahrene	Der Bernhard ist doch der, der früher in der Hasseler Straße wohnte, mit Grete Holms verheiratet ist und bei Tietjens arbeitet. Bei der alten Molkerein hat er ein Gärtchen.
Die Stimme des Volkes	Bei der alten Molkerei? So so, da wohnt ein Freund des Schwagers meiner Schwester.
Der Erfahrene	Sehen Sie, dachte ich es mir doch! Deswegen kamen Sie mir

so bekannt vor. Aber wir wollen ja in die Zukunft schauen und nicht in alten Erinnerungen schwelgen, oder? Haha! Hier, darf ich Ihnen von der SPD ein Wahlprogramm für die Kommunalwahl geben (*übergibt ein rotes Windrädchen*). Wir haben gerade auch ein verkehrspolitisches Programm erarbeitet. Unsere Sara möchte sich gerne mit Ihnen darüber unterhalten. Sara? Nun mach, nur Mut. Du machst das sicher ganz prima!

Die Neue, *bekehrend*

Ich meine: Unter der Berücksichtigung einer weitestgehend stauungsfreien Verkehrsführung sollten Erwägungen in die Wege geleitet werden, die mit dem Ziel einer Attraktivitätssteigerung der

Innenstadt bei sicherer Möglichkeit, fußläufige Querungshilfen im Bereich der ehemaligen Bundesstraßen im Kernbereich der Stadt auch von zentralen Standorten der Gemeinversorgung aus zu erreichen, Überlegungen zur Grundsanierung des südlichen Fußgängerinnen- und Fußgängerüberwegs der Kreuzung Bremer / Lange Straße initiieren.

Die Stimme des Volkes, *sichtbar unschlüssig*

Ja ja. Ganz gut. Aber wenn ihr von der Bremer Straße redet: (*Pause*) Ich finde, da sollte mal der Zebrastreifen erneuert werden. (*Pause*) Davon redet keiner!

Abeunt omnes[46]

[46] Heißt nicht: Alle besuchen den Abtritt!

Einige politische Bemerkungen zum Schluss

Luzia Moldenhauer

Wir haben hier versucht, einen kleinen Einblick in die Arbeit der SPD in Bassum zu geben.
Wir haben genau diesen Namen (**Die SPD in Bassum**) mit Bedacht gewählt, weil wir aus leidvoller Erfahrung in der Vergangenheit die oft existierende Kluft zwischen Funktionären und Mandatsträgern aufheben wollen. Sicher war dieser Name, der auf unserem Roten Laden, auf Kaffeetassen oder linksgeleimten (!) Schreibblöcken zu lesen ist, auch der Tatsache geschuldet, dass bei abnehmender Zahl von Aktiven etliche von uns in Doppelfunktionen tätig sind.
Neben den genannten Aktionen finden natürlich auch bei uns Veranstaltungen wie Mitgliederversammlungen, Wanderungen (Winterwanderung mit anschließendem Grünkohlessen und Spargeltour im Frühsommer), manchmal auch „kom-

munalpolitische Radtouren“ und regelmäßig eine Fahrt zu einem Weihnachtsmarkt in der näheren und weiteren Umgebung statt. Dabei sind wir froh, wenn die Organisation von Mitgliedern übernommen wird, wie Friedhelm „Fredy“ Barth das beispielsweise für die Weihnachtsmarktfahrt erledigt.
Außerdem: wir sind die Sozialdemokratie hier vor Ort, wir sind **die SPD in Bassum**.

Auf einer unserer Fahrten waren wir in Berlin und haben nach entsprechender Anmeldung eine Besichtigung des Willy-Brandt-Hauses erleben können. Wir waren anfangs heillos enttäuscht: Wir kamen doch in unser Haus, in unsere Zentrale, das waren wir hier! Und wurden begrüßt wie ganz Fremde. *Tragen Sie sich hier ein. Warten Sie hier. Es kommt gleich jemand zu Ihnen.* In unserem Roten Laden nehmen wir Genossinnen und Genossen aus anderen Gemeinden, die mal reinschnuppern, als willkommene

Freunde auf, freuen uns, duzen uns natürlich. Und sind verbindlicher.

Wir haben in unseren Berichten davon erzählt, wie wichtig die Genossinnen und Genossen vor Ort für uns und unsere Arbeit sind. Ohne sie hätten einige von uns im Laufe der jahrelangen Arbeit in der Partei und der Kommunalpolitik schon längst das Handtuch geworfen. Wenn wir uns aber gegenseitig stärken, uns Mut zusprechen, uns bei Enttäuschungen trösten und füreinander da sind, so können wir die Arbeit auf mehrere Schultern verteilen und niemand muss sich dadurch erdrücken lassen.

Wir haben uns in Bassum schon auf einer der ersten Klausurtagungen auf Spiekeroog den Grundsatz gegeben, offene und ehrliche Politik machen zu wollen. Dieses Versprechen an uns und die Wählerinnen und Wähler ist angesichts des Winds, der uns von den Seiten der angeblich so freien und unabhängigen Wählergemeinschaften ins Gesicht bläst, nicht immer leicht einzuhalten. Es erfordert immer wieder Standhaftigkeit und Argumentationssicherheit auch den eigenen Genossen und Genossinnen gegenüber, wenn auch manchmal einerseits fehlendes, andererseits zu starkes Taktieren vorgeworfen wird.

Für uns selbst ist diese Verlässlichkeit besonders wichtig, denn wir sind überzeugt, dass Entscheidungen in ihrem Findungsprozess bis zum Beschluss nachvollziehbar, also transparent, sein müssen. Aus diesem Grunde haben wir nach der letzten Kommunalwahl mit der CDU zusammen eine Ratsgruppe[47] gebildet, um gemeinsam verlässliche Politik machen zu können. Das bedeutet nicht, dass wir innerhalb der Gruppe immer derselben Meinung sind.

---

[47] Nach der Niedersächsischen Gemeindeordnung eine Verbindung neben den Fraktionen, die eine gemeinsame Besetzung der Ausschüsse vorsieht.

Programmgemäß gibt es Unterschiede zwischen den Parteien, doch an der kommunalen Basis hatten wir oft gleiche Ziele. Außerdem haben wir die CDU vor Ort als zuverlässig erlebt, wenn es um die Einhaltung von Zusagen ging. Wir danken hier besonders Cathleen Schorling, Friedhelm Schäfer und Helmut Zurmühlen von der Bassumer CDU.

Wir gehen auch davon aus, dass die Mitglieder der CDU als Mitglieder eine ähnliche Verbundenheit mit ihrer Partei fühlen wie wir selbst. Und deshalb sind wir der festen Überzeugung, dass Parteimitgliedschaft als Synonym für politische Begriffe wie Verlässlichkeit, Vertrauen und Ehrlichkeit gebraucht werden können.

Es ist einfacher, mit Menschen Politik zu machen, die sich einer festen Werthaltung sicher sind und nicht unter nebulösen Vorstellungen von einer „Unabhängigkeit" ihre Abhängigkeiten und Interessen verschleiern. Menschen, die mutig und engagiert sind, durch einen Parteieintritt

Farbe für ihre Überzeugung zu bekennen, sind anderen, „unabhängigen“ gegenüber im Vorteil: sie bekennen sich offen zu einer Verantwortung.

Wir sind ebenso überzeugt davon, und dieser Appell geht an die oberen Ebenen der Partei, dass die SPD wieder klare Positionen beziehen muss. Auch in Koalitionen müssen sozialdemokratische Grundsätze erkennbar bleiben - und zwar nicht nur für die politisch Handelnden, die ja sowieso ihrer Partei die Stimmen geben, sondern auch und gerade für die Wählerinnen und Wähler. Ihnen ist die Politik - leider auch oft schon auf kommunalpolitischer Ebene - nicht mehr transparent genug. Das hat sicher verschiedene Gründe, die auf beiden Seiten der Beteiligten zu suchen sind.

Wir sind aufgefordert, daran zu arbeiten.

So dacht' ich. Nächstens mehr[48].

---

[48] Schlusssatz des 2. Bandes von „Hyperion oder Der Eremit in Griechenland“ von Friedrich Hölderlin. Tübingen: Cotta, 1799, Faksimile der Originalausgabe: Frankfurt: Stroemfeld/Roter Stern, 1979